H.-L. Taylor

Jungchrists Pilgerreise

VLM

Verlag der
Liebenzeller Mission
Bad Liebenzell

Lizenzausgabe mit freundlicher Genehmigung des
Verlags des Bibellesebundes, Winterthur/Marienheide

ISBN 3 88002 192 9

1. überarbeitete Auflage
Umschlaggestaltung: Günther Saalmann
Satz: Graphik-Studio W. Six, Altötting
Herstellung: Ebner Ulm
Printed in W.-Germany

Vorwort

Vor 300 Jahren lebte in England ein armer Kesselflikker namens John Bunyan. In seiner Jugend war er ein wilder, ausgelassener Bursche gewesen, der fürchterlich fluchen konnte. Doch das Gewissen ließ ihm keine Ruhe. Treue Christen bemühten sich um ihn, und allmählich kam er durch das Lesen und Hören des Wortes Gottes zu einem völlig neuen Leben. Wie hatte er unter dem Druck seiner Schuld gelitten! Nun konnte er die herrliche Erfahrung, daß Jesus Christus frei und froh macht, unmöglich für sich behalten. Während er als Kesselflicker durchs Land zog, verkündete er überall die frohe Botschaft. Dazu hatte er eine große, natürliche Begabung. In Scheunen, Bauernhäusern und Kapellen kamen die Leute zusammen, um ihn zu hören.

Damals herrschte aber in Bunyans Vaterland, England, noch keine Religionsfreiheit. Ist es da zu verwundern, daß er bald für unerlaubtes Predigen im Kerker saß? Im ganzen brachte John Bunyan zwölf Jahre in Staatsgefängnissen zu. In dieser Zeit schrieb er neben zahlreichen anderen Büchern und Schriften das Werk, das weltbekannt werden sollte, nämlich die „Pilgerreise zur seligen Ewigkeit".

Anhand von lebendigen Bildern und Geschichten, in denen jede Einzelheit ihre besondere Bedeutung hat, erzählt Bunyan das Leben des Christen von seiner Bekehrung bis zu seiner Ankunft am Endziel, im Himmel. Immer neue Einfälle hat er, um die Kennzeichen zu beschreiben, die im Leben eines jeden Gotteskindes zu finden sind: das Heil durch den Glauben an Jesus Christus, den Kampf im Alltag, die Versuchungen, die allmächtige Gnade Gottes und den Sieg in der Verbindung mit Christus.

Im vorigen Jahrhundert unternahm es H.-L. Taylor, die etwas weitläufige Erzählung nachzuerzählen, daß auch junge Leute sie gerne lesen. Aus „Christ" wurde

,,Jungchrist", und die übrigen Personen des Buches wurden ebenfalls fast alle in Kinder oder junge Leute verwandelt.

Es ist ein ,,altes Buch", aber was es zu sagen hat, ist immer neu und zeitgemäß wie das Wort Gottes, aus dem John Bunyan all sein Wissen und die Kraft für sein schweres Leben schöpfte. Mach die Augen und das Herz weit auf! Die spannungsreiche Geschichte von ,,Jungchrists Pilgerreise" wird dich fesseln. Zugleich aber wirst du entdecken, daß sie dir eine Hilfe sein kann, selbst die ,,Pilgerreise" anzutreten und sie freudig, tapfer und ausdauernd fortzusetzen.

Ernst Aebi

1. Kapitel

Jungchrist hört von der himmlischen Stadt

Jungchrist wohnte in der großen Stadt Verderben. Den ganzen Tag lachten und spielten Jungen und Mädchen jeden Alters auf ihren Straßen.

Im Sommer, wenn die Sonne schien, war das Leben schön. Aber im Winter, bei Regen und Nebel, wußten die jungen Leute oft nicht, was sie tun sollten. Dann hörten sie gern zu, wenn jemand ihnen Geschichten erzählte.

Von Zeit zu Zeit kamen Fremde in die Stadt und blieben einige Tage. Manchmal erschien ein ernstblickender Mann, manchmal eine Frau, deren Gesicht von Liebe und Güte strahlte.

Diese Fremden suchten, mit allen ins Gespräch zu kommen, und waren immer bereit, ihnen Geschichten zu erzählen. Sie sagten: ,,Weit, weit von hier entfernt liegt ein wunderbares Land. Darin herrscht ein mächtiger König, der eine große Liebe zu Kindern und jungen Leuten hat. Eure Stadt hingegen gehört einem bösen Fürsten, der unsern König haßt. Doch eines Tages wird dieser seine Heere aussenden, um gegen den Fürsten zu streiten. Dann wird eure Stadt in Flammen aufgehen, und ihre Einwohner werden umkommen."

,,Was soll dann aus uns werden?" fragten die Zuhörer, worauf die Fremden antworteten: ,,Geht aus der Stadt hinaus! Geht jetzt schon weg, solange ihr jung und stark seid, und macht euch auf die Reise nach dem Land unseres Königs. In der himmlischen Stadt, wo er regiert, werdet ihr vollkommen in Sicherheit sein."

Schon oft hatte Jungchrist diese Aufforderung gehört, und manches Mal hatte er darüber nachgedacht. Wenn er aber mit seinen Kameraden davon zu sprechen suchte und den Vorschlag machte, sie wollten miteinander zur himmlischen Stadt aufbrechen, lachten sie ihn aus und behaupteten, das Ganze sei nur ein Märchen: Es gebe weder einen König noch eine himmlische Stadt, und nirgends seien sie besser in Sicherheit als in ihrer schönen Stadt Verderben.

Jungchrist war überzeugt, daß die Fremden die Wahrheit sprachen. Eines Tages fand er ein altes Buch, in dem diese Dinge aufgeschrieben waren. Da war viel vom König die Rede, von der himmlischen Stadt, vom bösen Fürsten und von seiner Stadt, die eines Tages verbrannt werden sollte.

Selbstverständlich beeilte sich Jungchrist, das Buch seinen Kameraden zu zeigen. Aber sie lachten laut und spotteten: ,,Das Buch ist ja vor Tausenden von Jahren geschrieben worden. Das hat jetzt keinen Wert mehr. Die Armee des Königs ist noch nie gekommen und wird jedenfalls nie kommen. Was gibt es Gescheiteres, als fröhlich und guter Dinge zu sein?"

Aber Jungchrist hatte dazu gar keine Lust mehr. Er war müde und unglücklich. Abseits von seinen Kameraden setzte er sich hin und fragte sich, ob er den Weg zur himmlischen Stadt nicht allein finden könnte. Zwar war er noch jung – aber konnte er eine solch lange Reise allein unternehmen? Er schlug sein Buch wieder auf, und seine Augen fielen auf eine erstaunliche Geschichte.

Da war die Rede vom Sohn des Königs, der eines Tages in die Stadt Verderben gekommen war. Voller Güte hatte er auf ihren Straßen und Gassen die Kinder angesprochen, ja er hatte sogar gesagt: ,,Lasset die Kindlein zu mir kommen!"

,,Wenn er nur jetzt hier wäre!" dachte Jungchrist traurig. ,,Vielleicht würde er mich mitnehmen zur himmlischen Stadt. Aber ich komme sicher nicht hin, wenn mich niemand begleitet."

Armer Jungchrist! Er bemerkte zum erstenmal, wie abgenützt sein Gewand war. Das stimmte ihn noch trauriger, denn er sagte sich: ,,Wenn ich je die himmlische Stadt erreichen sollte, wären meine Kleider inzwischen so schmutzig und zerlumpt, daß der König mich nicht aufnehmen würde."

Niedergeschlagen wie nie zuvor nahm er sein Buch unter den Arm und ging nach Hause. Er sah so bedrückt aus, daß seine Tante ihn fragte, ob er krank wäre.

Und dann tat sie dasselbe wie seine Spielkameraden: sie lachte ihn aus und sagte: ,, Du bist ein dummer Junge! Es gibt doch gar keine himmlische Stadt. Wenn du auf das hören willst, was diese Fremden schwatzen, wird es dir schlecht gehen."

Da schlüpfte Jungchrist unter seine Decke und weinte sich in den Schlaf.

2. Kapitel

Jungchrist begegnet dem Evangelisten

Als Jungchrist am folgenden Morgen aus dem Haus trat, lag strahlender Sonnenschein über der Stadt. Seine Kameraden waren bereits eifrig beim Spiel und riefen ihn.

Aber er schüttelte den Kopf und sagte: ,,Nein, ich kann nicht dableiben. Wir sollten sofort aufbrechen."

,,Du bist ja verrückt", war die Antwort. ,,Was brauchst du immer den Kopf bei dieser himmlischen Stadt zu haben? So geh und suche sie, anstatt in einem fort zu jammern und uns zu stören!"

Und damit ließen sie ihn stehen.

In diesem Augenblick kam ein Mädchen daher, das ein kleines Kind an der Hand führte. Am Tag zuvor hatte sie gesehen, wie die andern sich über Jungchrist lustig gemacht hatten, und er hatte ihr leid getan. Die beiden Kinder verband seit langem eine herzliche Zuneigung.

Das Mädchen stellte sich vor den Jungen hin und sagte: ,,Komm, wir gehen auf die Wiese hinaus und pflücken Blumen für mein Schwesterchen!"

Jungchrist folgte dem Mädchen. Christine war nett und freundlich; nie wäre es ihr eingefallen, ihn zu plagen. Was er aber in seinem Buch gelesen hatte und ihr nachher erzählte, wollte sie nicht glauben.

,,Weißt du", vertraute ihr Jungchrist unterwegs an, ,,ich muß mich aufmachen und zum König gehen, denn ich trage eine Last, die nur er mir abnehmen kann."

Da wurde Christine sehr ernst und meinte: ,,Ich glaube, du bist krank, Jungchrist, daß du dir so etwas einbildest. Ich sehe keine Last auf deinem Rücken."

,,Du kannst sie nicht sehen! Aber ich spüre sie! Und solange ich sie mit mir herumschleppen muß, werde ich müde und niedergedrückt sein."

Den ganzen Tag brachten die beiden im Freien zu. Als es Abend wurde, kehrte Jungchrist nach Hause zurück und redete so viel von der himmlischen Stadt, daß seine Tante zuletzt ernstlich böse wurde. Jungchrist hatte keine Mutter mehr, die ihn liebhaben und mit der er plaudern konnte, und sein Vater hatte so viel zu tun, daß er sich herzlich wenig um seinen Sohn kümmerte.

Jungchrist hoffte, am nächsten Tag Christine wieder zu treffen. Aber er fand sie nicht, denn sie war zu Hause geblieben. Seine Freunde kümmerten sich nicht um ihn; sie behaupteten: ,,Er ist ein langweiliger Kerl, ein rechter Spielverderber."

So war Jungchrist sich selber überlassen. Ziellos schlenderte er durch die Felder und setzte sich schließlich traurig an eine Wiesenböschung. Bald darauf hörte er Schritte in der Nähe, und als er den Kopf hob, erblickte er einen der Fremden, der auf die Stadt zuging. Es war der Evangelist, ein Mann mit einem ernsten, doch freundlichen Gesicht, den Jungchrist schon früher getroffen hatte.

,,Warum weinst du?"

Der mitfühlende Klang dieser Stimme tröstete Jungchrist halbwegs, und es fiel ihm nicht schwer, seine Kümmernisse zu erzählen. Er sagte dem Evangelisten, wie gern er dem König gehorchen wollte, wie aber jedermann ihn auslachte und selbst seine Tante und Christine nicht glauben konnte, daß es eine himmlische Stadt gebe.

Voller Güte ruhte der Blick des Evangelisten auf dem Jungen.

,,Jungchrist, alles, was ich dir erzählt habe, ist wirklich wahr. Der König hat alle lieb, auch dich. Wenn du ihm gehorchen willst und dich aufmachst, zu ihm zu gehen, wird er dich auf der Reise behüten, und wenn du in der himmlischen Stadt ankommst, wirst du für immer glücklich sein."

,,Ich würde sofort aufbrechen", sagte Jungchrist, ,,wenn ich nur den Weg wüßte."

Da hieß ihn der Evangelist der Stadt den Rücken kehren und wies mit der Hand in die Ferne.

,,Siehst du dort drüben jene enge Pforte?"

Doch Jungchrists Augen waren von Tränen verschleiert, er konnte nichts erkennen.

,,Schau, es brennt ein Licht im Torbogen. Kannst du es sehen?"

,,Ja", meinte der Junge, ,,es kommt mir vor, als sei dort etwas Helles."

,,Dorthin mußt du ziehen, denn dort beginnt der Weg zur himmlischen Stadt. Und nun denk dir, ich habe eine Botschaft des Königs für dich!"

Der Evangelist faltete ein Blatt auseinander und überreichte es Jungchrist. Und der las laut die Worte, die mit leuchtenden bunten und goldenen Buchstaben darauf geschrieben waren: ,,Ich liebe, die mich lieben, und die mich frühe suchen, finden mich."

,,Das ist eine Verheißung des Königs an alle seine Kinder", erklärte der Evangelist. ,,Sei deshalb nicht länger traurig, sondern gehe auf die Pforte zu und klopfe an! Ein Diener des Königs wird dir öffnen und dir sagen, was du schnell weiter tun sollst."

3. Kapitel

Störrig und Fügsam

Eine Anzahl Jungen und Mädchen, die sich in der Nähe der Stadtmauer aufhielten, hatten bemerkt, daß der Evangelist sich mit Jungchrist unterhielt. Das fiel ihnen nicht weiter auf, denn sie waren es gewohnt, daß die Besucher aus der himmlischen Stadt mit den Jugendlichen plauderten. Als sie aber sahen, daß der Evangelist näherkam, während Jungchrist querfeldein rannte, fragten sie sich, was er wohl im Sinn hätte.

,,Der Christ läuft davon!" rief einer.

,,Er will die himmlische Stadt suchen gehen", meinte ein anderer.

,,Dann ist's aus mit ihm", meinte ein dritter. ,,Wir sollten ihm nachlaufen und ihn zurückholen."

Zwei dieser Jungen, Störrig und Fügsam, waren gut befreundet mit Jungchrist. Sie waren etwas älter als er, aber sie waren oft zusammen gewesen. Störrig war kein angenehmer Freund, immer sollte alles nach seinem Kopf gehen. Fügsam gab ihm deshalb dauernd nach, um Streit zu vermeiden. Jungchrist mochte beide nicht besonders gut leiden, doch zog er Fügsam vor.

Diesen Jungen war es sehr zuwider, ihren Kameraden weglaufen zu sehen. Obwohl sie oft nicht gerade nett zu ihm gewesen waren, tat ihnen der Gedanke, ihn zu verlieren, doch leid.

,,Wir müssen ihn zwingen, umzukehren", sagte Störrig. ,,Wie dumm von ihm, so ohne weiteres zu glauben, was man ihm erzählt!"

,,Komm, wir gehen!" rief Fügsam.

Die beiden liefen, so rasch sie konnten. Dabei riefen sie einmal ums andere laut, Jungchrist solle auf sie warten. Er aber hatte solche Angst, als er die Stimmen hörte, daß er sich nicht einmal umwandte.

,,Wenn sie mich nach Verderben zurückholen", dachte er, ,,kann ich vielleicht nie mehr weg!"

Und er rannte, so schnell er konnte. Aber seine Last lag so schwer auf ihm, daß er bald etwas langsamer wurde. Es dauerte nicht lange, da hatten Störrig und Fügsam, die größer und stärker waren als er, ihn eingeholt.

,,Wohin gehst du?" fragte Störrig atemlos. ,,Was fällt dir ein, uns so laufen zu machen?"

,,Ich gehe zur Stadt des Königs", antwortete Jungchrist. ,,Wollt ihr mitkommen?"

Es brauchte nicht mehr, um Störrig zum Lachen zu reizen.

,,Nein, wahrhaftig nicht! Ich bitte dich, wozu auch, wo wir doch hier so glücklich sind?"

,,Beim König wären wir noch viel glücklicher. Seine Stadt ist viel schöner als unsere. Ich habe euch ja schon gesagt, daß wir in Gefahr sind, wenn wir in Verderben bleiben."

,,Als ob du etwas davon wüßtest! Schwatz doch keinen Unsinn!"

,,Das ist kein Unsinn! Es steht in meinem Buch."

Störrig fing wieder an zu lachen.

,,Wie oft muß ich dir noch sagen, daß dein Buch nichts wert ist? Kein Wort darin ist wahr. Also, kehrst du mit uns um oder nicht?"

Störrig schaute sehr mißmutig drein. Doch Jungchrist erwiderte tapfer: ,,Nein, ich gehe zum König!"

,,Gut, geh, wohin du willst! Komm, Fügsam, wir hätten uns die Mühe sparen können, diesem Dummkopf nachzulaufen."

Aber Fügsam rührte sich nicht.

,,Lach du lieber nicht! Falls sein Buch doch die Wahrheit sagt, dann ist er besser dran als wir. Beinah hab ich Lust, ihn zu begleiten."

,,O ja!" rief Jungchrist. ,,Komm mit mir! Du wirst sehen, wie schön es beim König sein wird!"

,,Bist du sicher, daß du den Weg zur Stadt findest?"

,,Ja, der Evangelist hat mir gesagt, ich soll zu jener Pforte dort drüben gehen. Da wird mir jemand die Richtung zeigen, in der wir weitergehen müssen."

„Fügsam, das kann doch nicht dein Ernst sein!" entrüstete sich Störrig. „Selbst wenn es eine himmlische Stadt geben sollte, meinst du, zwei Jungen wie ihr könnten sie je finden?"

Anstatt zu antworten, machte Fügsam einen Schritt auf Jungchrist zu. Er überlegte nämlich: Ich will bis zur engen Pforte gehen. Das verpflichtet mich zu nichts. Falls die Sache mir allzu gefährlich vorkommt, kann ich immer noch umkehren.

„Bei Jungchrist kann mich nichts verwundern", sagte Störrig. „Aber du, Fügsam, solltest ein bißchen mehr Verstand haben. Kehre mit mir um, und niemand soll erfahren, daß du je daran gedacht hast, wegzugehen."

Doch Fügsam hing im Grunde nicht sehr an Störrig, und das reizte ihn, ausnahmsweise einmal seinen Willen durchzusetzen.

Deshalb entgegnete er: „Darüber gibt's kein Wort mehr zu verlieren. Ich bin entschlossen, mit Jungchrist zu gehen. Leb wohl, wenn du nicht mitkommen willst."

„Nein danke! Gut, daß ich euch beide los bin!"

Und mit einem spöttischen Lächeln kehrte Störrig den beiden den Rücken und ging zurück nach Verderben.

4. Kapitel

Der Sumpf der Verzagtheit

„Und jetzt", schlug Fügsam vor, „erzähl mir doch etwas von der himmlischen Stadt!"

„Dort ist alles so schön!" antwortete Jungchrist. „Du hast ja gehört, was uns die Fremden berichtet haben. Der König wohnt dort, und die Einwohner sind nie müde oder traurig. Sie tragen leuchtende Kleider, die gar nie schmutzig oder alt werden."

„Du wirst sehen, man läßt uns nicht hinein!"

,,Doch, der Evangelist hat mir sogar erzählt, daß der König die Jugendlichen besonders gern aufnimmt. Schau, er hat mir diese Botschaft von ihm gebracht."

Jungchrist faltete das Blatt auseinander, das der Evangelist ihm gegeben hatte.

,,Ist es nicht, als ob der König mich persönlich einladen wollte?"

Fügsam las, was auf dem Blatt stand, und meinte dann: ,,Aber mir hat der König nichts geschickt."

,,Das kommt daher, daß du den Evangelisten nicht angetroffen hast. Ich bin aber sicher, daß der König dich trotzdem aufnehmen wird."

,,Und was wirst du tun, wenn du zu der Stadt kommst?" fragte Fügsam weiter.

,,Zuerst will ich zum König gehen. Dann, sobald ich den Mut dazu finde, frage ich ihn, wo meine Mutter ist. Du weißt doch, ich habe sie verloren, als ich noch ganz klein war, und oft habe ich solche Sehnsucht nach ihr. Ein Fremder hat mir einmal gesagt, sie sei beim König. Also muß sie in der himmlischen Stadt sein."

,,Ich möchte nur wissen, wie lange wir brauchen werden, um dort anzukommen. Hast du den Evangelisten nicht gefragt? Könnten wir nicht ein wenig schneller gehen?"

,,Ich möchte wohl! Aber ich bin schon so müde! Meine Last drückt furchtbar, so daß ich kaum vorwärtskomme."

Fügsam wollte eben fragen: ,,Was hast du eigentlich immer über eine Last zu klagen?" – als die beiden plötzlich tief einsanken und gewahrten, daß sie sich unversehens auf ein Moor hinaus gewagt hatten.

,,Au!" schrie Fügsam. ,,Wo sind wir hingeraten?"

,,Ich weiß es nicht", antwortete Jungchrist. ,,Wir wollen versuchen, herauszukommen."

Durch das Gewicht auf seinem Rücken steckte er noch tiefer im Morast als Fügsam.

Die beiden waren so erschrocken und verwirrt, daß sie nicht wußten, auf welcher Seite der feste Erdboden sein könne. Dieser Teil der Ebene hieß Sumpf der Verzagtheit und war ein äußerst gefährlicher Ort, selbst für Erwachsene.

Fügsam wurde immer erregter.

,,Schau nur, wie wir aussehen!" klagte er. "Und das nur durch deine Schuld! O, ich bereue, daß ich mit dir gekommen bin! Wenn wir schon so anfangen, können wir uns noch auf allerlei schöne Überraschungen gefaßt machen. Warte nur, bis ich aus diesem scheußlichen Sumpf heraus bin, dann hast du mich zum letztenmal gesehen! Du kannst allein deine Stadt suchen gehen, wenn's dir Freude macht!"

Jungchrist antwortete nichts. Seine Bestürzung war zu groß, als daß er hätte sprechen können. Seine Kleider waren voller Schlamm, und er fürchtete, jeden Augenblick im Sumpf zu ersticken. Wie sehr wünschte er, der Evangelist käme ihm zu Hilfe, aber er erblickte niemanden. Dort unten, am Rande der Ebene, strahlte das Licht über der engen Pforte unbeirrt weiter, und hinter sich erkannte er die Umrisse der Stadt Verderben.

Fügsam kehrte dem Licht den Rücken, und nach unerhörten Anstrengungen gelang es ihm, sich auf festen Grund heraufzuziehen. Es fiel ihm nicht ein, seinem Kameraden beizuspringen, und Jungchrist sah, wie er in größter Eile nach Verderben zurückrannte. Wie verlassen kam er sich vor, nachdem Fügsam verschwunden war...

,,Aber ich gehe trotzdem zum König!" beschloß er. Und tapfer versuchte er nochmals, ein Stück festen Grund für seine Füße zu finden. Da, als er beinahe am Ende seiner Kräfte war, hörte er über sich eine fröhliche Stimme rufen:

,,Warte! Ich helfe dir!"

5. Kapitel

Helfer

Jungchrist war den Tränen nahe, als er diese Stimme hörte. Der Gedanke verfolgte ihn, daß der Evangelist sich getäuscht haben müsse und daß der König es anscheinend doch nicht gern sah, wenn Jungen wie er zu seiner herrlichen Stadt pilgerten.

„Ich bin doch jung", dachte er, „und weiß wenig. Ich kann nicht einmal ohne Unfall durch diese Ebene gehen. Was soll aus mir werden, wenn ich an einen hohen Berg oder einen reißenden Fluß komme?"

In diesem Augenblick kam ein junger Bursche namens Helfer, ein Knecht des Königs, am Moor vorbei und sah, wie hilflos Jungchrist im Sumpf zappelte. Helfer war ein äußerst hilfsbereiter Junge und eilte sogleich zu Jungchrist.

„Wie bist du denn da hineingeplumpst?" fragte er. Aber Jungchrist wußte es selber nicht.

„Hast du die Tritte nicht gesehen?"

„Nein. Ich redete mit Fügsam, und wir haben nicht achtgegeben, wo wir gingen."

„Das war ungeschickt von euch. Wo steckt denn Fügsam?"

„Er hat sich selber herausarbeiten können, und dann ist er nach Hause gelaufen."

„Ach so! Komm, gib mir die Hand! Siehst du, der König sorgt immer für dich. Eben hatte ich mich noch gewundert, weshalb er mich heute auf die Ebene schickte, und jetzt sehe ich: er wußte, daß du mich nötig haben würdest. Setz deinen Fuß hierhin! Siehst du? Du bist gerettet."

Jungchrist zitterte am ganzen Körper.

„Danke vielmals! Nie wäre ich ohne dich herausgekommen."

„Ich glaub's auch", nickte Helfer. Dann fragte er: „Gehst du zur himmlischen Stadt?"

,,Ich möchte, ja. Aber jetzt fürchte ich, die Reise ist doch zu schwierig für mich. Es wird wohl besser sein, ich warte, bis ich ein wenig älter bin."

,,O nein, nein! Nur das nicht! Der König wird über dir wachen, und wenn du einen Freund zur Hilfe brauchst, wird er dir jemand schicken."

,,Bist du sicher? Ich bin noch unerfahren, und die Kameraden fanden alle, ich mache etwas Dummes."

,,Kümmere dich nicht um die Meinung der andern. Wenn du wirklich ein Pilger des Königs bist, hast du nichts zu befürchten. Wohl magst du den Weg lang und mühsam finden; wenn du aber tapfer vorwärtsgehst, wirst du bestimmt in der himmlischen Stadt ankommen, und dort wirst du so froh sein, den König zu sehen, daß du alle Schwierigkeiten sofort vergißt."

Helfer ging mit so viel Liebe und Güte auf Jungchrists Bedenken ein, daß dieser sich nicht scheute, offen mit ihm zu reden und ihn zu fragen: ,,Glaubst du, daß ich in der himmlischen Stadt meine Mutter sehen werde? Sie ist beim König."

,,Dann wirst du sie bestimmt sehen. Ist sie schon lange weggegangen?"

,,Ja, als ich noch ganz klein war. Ich kann mich nicht mehr an sie erinnern, aber zu Hause haben wir ein Bild von ihr, und ich bin sicher, daß ich sie erkennen werde. Sie sieht so lieb und freundlich aus. Manchmal bin ich sehr traurig, weil sie mich nicht mehr liebhaben kann."

,,O doch, sie liebt dich! Wahrscheinlich hat ihr der König schon gesagt, daß du dich aufgemacht hast, und nun erwartet sie dich!"

,,Noch etwas!" bat Jungchrist. ,,Sag mir: Bist du selber in der Stadt gewesen?"

,,Nein, ich bin nahe an ihre Tore herangekommen, doch dann hat der König Arbeit für mich gehabt, und ich werde erst in die Stadt eingehen können, wenn meine Aufgabe beendet ist."

,,Wie lange wird meine Pilgerreise dauern?"

,,Das weiß ich nicht. Manche legen sie schnell zurück,

andere langsam. Das einzige, was ich dir sagen kann, ist dies: Wenn du den König liebhast und ihm gehorchst, kannst du ganz sicher sein, daß er dich führen und zur rechten Zeit in die Stadt bringen wird. Jetzt muß ich gehen. Wenn du dich wieder einmal fürchtest, rufe den König an, er wird dich hören!"

6. Kapitel

Jungchrist begegnet Weltklug

Nicht weit von der Stadt Verderben entfernt erhob sich ein Hügel, an dessen Rückseite sich ein hübsches Dorf schmiegte. Es war von Leuten bewohnt, die sich Knechte des Königs nannten und vorgaben, ihm zu gehorchen. In Wirklichkeit aber lebten sie nur ihrem eigenen Vergnügen. Sie waren nicht in der Stadt geblieben, weil sie sich vor den schrecklichen Dingen fürchteten, die die Fremden ihnen angezeigt hatten. Aber sie wollten sich die Mühe nicht machen, bis zur himmlischen Stadt zu gehen. So hatten sie sich kurzerhand auf der anderen Seite des Hügels Häuser und Gärten gebaut und glaubten nun, sich in Sicherheit zu befinden.

Ein Junge, Weltklug mit Namen, der in diesem Dorf wohnte, ging gerade an dem Tag, da Jungchrist aufbrach, durch die Ebene. Er kannte Jungchrist vom Sehen, weil die Bewohner des Dorfes öfter nach Verderben kamen, um ihre alten Freunde aufzusuchen. Als er Jungchrists ansichtig wurde, fragte er sich, was er so weit von zu Hause entfernt zu suchen habe.

„Bist du's, Jungchrist? Du hast dich aber weit von der Stadt entfernt!"

Weltklug war ein schöner, großer Junge, und Jungchrist fühlte sich geschmeichelt, weil er ihn angesprochen hatte.

So gab er denn bedenkenlos zur Antwort: ,,Ich gehe dort hinüber zur engen Pforte."

,,Warum denn das?"

,,Um meine Last loszuwerden."

,,Aha, ich begreife", sagte Weltklug. ,,Diese Lasten sind etwas Langweiliges. Die meisten Leute merken zwar gar nicht, daß sie eine tragen. Wer seine Last aber einmal spürt, hat keine Ruhe mehr, bis er sie losgeworden ist."

Jungchrist war überrascht, Weltklug in dieser Weise sprechen zu hören. In seiner Stadt hatten ja die Buben und Mädchen ihn ständig ausgelacht und behauptet, seine Last wäre bloß Einbildung.

,,Ich hoffe, sie nicht mehr lange zu tragen", sagte er, ,,denn ich gehe so schnell als möglich zur engen Pforte."

,,Wie kommst du auf diesen Gedanken?"

,,Ein sehr freundlicher Mann, den ich angetroffen habe, hat mir gesagt, ich solle dorthin gehen. Er heißt Evangelist."

,,Ach so", lachte Weltklug, ,,den kenne ich. Ja gewiß, er ist sehr freundlich, aber es fehlt ihm der Verstand. Höre, Jungchrist, es gibt ein viel einfacheres Mittel, um deine Last loszuwerden. Mach dir nicht die Mühe, eine solch lange Reise zu unternehmen. Ich weiß genau, was der Evangelist dir weisgemacht hat – er erzählt allen die gleiche Geschichte. Ich sehe, daß du bereits durch diesen scheußlichen Sumpf gestapft bist, und wenn du erst die enge Pforte hinter dir hast, wirst du noch ganz anderes erleben. Du wirst wilden Tieren begegnen, du wirst ständig in Gefahr sein, und wahrscheinlich wirst du unterwegs vor Hunger und Erschöpfung umkommen."

‚Aber meine Last ist doch so schwer!" seufzte Jungchrist traurig. ,,Und der Evangelist hat mir versichert, daß er mir das einzige Mittel nennt, um davon frei zu werden."

,,Natürlich, mach, was du willst. Aber ich finde dich recht unvernünftig. Wie hast du überhaupt wissen können, daß du eine Last trägst?"

,,Im Buch des Königs heißt es, daß jeder von uns eine hat."

„Dacht' ich mir's doch, daß deine Weisheit daher kommt! Dieses Buch ist aber nur für Erwachsene, mein Lieber. Jungen wie du können nichts davon verstehen. Du liest, ohne überhaupt zu wissen, um was es sich handelt, bis du den Kopf voller Unsinn hast. Höre, was ich dir sage. Es ist gescheiter, du kehrst nicht zur Stadt zurück. Du hättest dort keine Ruhe, und es ist wahr, im Grunde ist es nicht gerade angenehm, dort zu leben. Ich an deiner Stelle würde in jenes Dorf dort hinten gehen. Ich habe Freunde dort. Sie wohnen im ersten Haus, zu dem du kommst, und wenn du ihnen sagst, daß ich dich geschickt habe, werden sie dich mit Freuden aufnehmen. Du wirst sehen, nach ein paar Tagen denkst du nicht mehr an deine Last, und bald wirst du nichts mehr davon spüren."

Jungchrist befand sich in großer Verlegenheit. Weltklug sprach mit so viel Überzeugung, daß Jungchrist nicht anders konnte, als ihm zu glauben. Er überlegte auch, daß es recht angenehm wäre, so nahe bei seiner alten Heimat zu bleiben und von Zeit zu Zeit Christine wiederzusehen.

„Geh, folg meinem Rat, du wirst es nicht bereuen!" drängte Weltklug. „Schlag dir den Evangelisten aus dem Kopf! Hier ist die rechte Straße, am Fuß des Hügels entlang, Du kannst nicht fehlgehen."

Munter pfeifend, die Hände in den Hosentaschen, entfernte sich Weltklug. Und Jungchrist schob geflissentlich den Gedanken an den König und seine Botschaft beiseite, kehrte der engen Pforte den Rücken und ging auf das Dorf zu.

7. Kapitel

Der Irrweg

Mit raschen Schritten ging Jungchrist in der angegebenen Richtung voran. Doch bald fühlte er sich entsetzlich matt. Ihm war, als lastete seine Bürde von Augenblick zu Augenblick schwerer auf ihm. Nach kurzer Zeit war er zum Umfallen müde, und als er den Fuß des Hügels erreicht hatte, vermochte er sich kaum noch weiterzuschleppen. Er fragte sich, ob er das Haus der Freunde Weltklugs überhaupt erreichen würde. Doch als er zu einer Wegbiegung kam und sehen konnte, wohin die Straße führte, packte ihn ein solches Grauen, daß er darob beinahe seine Last vergessen hätte. Nie zuvor hatte er etwas so Erschreckendes gesehen: Der Weg war von ungeheuren überhängenden Felsblöcken eingesäumt, die aussahen, als wollten sie jeden, der vorüberkam, augenblicklich zermalmen.

Nach wenigen Schritten schon stand Jungchrist still. Er fühlte sich unfähig, weiterzugehen. Züngelten dort nicht feurige Flammen zwischen den Felsblöcken hervor?

„Ich hätte nie hierherkommen sollen!" seufzte er. „Was soll nun aus mir werden?"

In diesem Augenblick erschien in der Ferne die Gestalt eines Mannes. Jungchrist erkannte sie: es war der Evangelist. Diesmal lächelte er aber nicht. Jungchrist schämte sich und fürchtete sich vor der Begegnung. Am liebsten hätte er sich zwischen den Felsen verkrochen, um sich vor dem Blick seines gütigen Freundes zu verbergen, dem er ungehorsam gewesen war.

„Was tust du hier?" fragte der Evangelist.

Jungchrist senkte den Kopf und schwieg.

„Bist du der Junge, den ich nahe bei der Stadt Verderben angetroffen hatte?"

„Ja", murmelte Jungchrist.

„Hatte ich dir nicht den Weg gezeigt, der zur engen Pforte führt?"

„Doch, ja."

„Wie kommt es denn, daß ich dich hier finde?"

„Ich wollte nichts Böses tun", stammelte Jungchrist. „Aber ein großer Junge, den ich angetroffen habe, hat mir versichert, in diesem Dorf könne ich meine Last loswerden. Und weil ich sehr müde war, bin ich hergekommen. Jetzt wird der Berg auf mich herabstürzen, und mir ist so angst!"

Der Evangelist war sehr ernst geworden. Dann sprach er: ,,Höre, Jungchrist, der König hatte mich gesandt, um dir von der himmlischen Stadt zu sagen, und du hast seine Zusicherung gehabt, daß er dich liebhabe und dich behüten werde. Als du in den Sumpf der Verzagtheit fielst, hat er dir nicht Helfer geschickt? Und in seinem Buch hast du gelesen, daß er immer für die Menschen sorgt, die sich auf ihn verlassen. Warum hast du denn auf Weltklug gehört? Warum bist du vom geraden Weg abgewichen?"

Armer Jungchrist! Er schämte sich sehr. Der Evangelist legte ihm sanft die Hand auf den Kopf und sagte: ,,Du hast den König tief betrübt. Aber wenn es dir leid ist, wird er dir vergeben."

,,Es tut mir leid!" rief Jungchrist aus. ,,Ich will nie mehr ungehorsam sein. Sind Sie sicher, daß der König mir vergeben wird?"

,,Ja, seinem Sohn zuliebe, der dich besonders liebhat, wird dir der König vergeben."

,,Darf ich jetzt zur engen Pforte gehen? Oder wird der Türhüter mich nicht mehr einlassen?"

,,Doch, denn der König erlaubt ihm nicht, jemanden abzuweisen. Du brauchst nur anzuklopfen, und gleich wird er dir öffnen. Komm mit, ich will dich auf den rechten Weg zurückbegleiten."

Jungchrist war erleichtert und ging dankbar mit dem Evangelisten, der ihn in die Ebene zurückführte. Von dort aus konnte man das Licht über dem Portal deutlich erkennen.

,,Wenn du dich beeilst", sagte der Evangelist, ,,kannst du noch vor der Nacht dort ankommen und dich bis morgen früh ausruhen."

Und freundlich lächelnd verabschiedete er sich von Jungchrist, der sogleich weiterging.

8. Kapitel

Die enge Pforte

Die Sonne war am Untergehen, als Jungchrist die enge Pforte erreichte. Er war rasch gegangen, um nicht bei Einbruch der Dunkelheit noch draußen auf den Feldern zu sein. Jetzt war er todmüde, aber herzlich froh, am Ziel zu sein.

Über der engen Pforte wölbte sich ein schöngeschwungener Bogen aus Stein. Dieser war es, der mit solcher Klarheit leuchtete, daß Jungchrist ihn von weitem gesehen hatte. Der Schein war derart, daß er selbst bei hellem Sonnenlicht noch sichtbar war. Der Fries trug eine Inschrift, und Jungchrist las:

„Klopfet an, so wird euch aufgetan!"

„Genau, wie der Evangelist mir gesagt hat", dachte Jungchrist und klopfte an die Pforte.

Gespannt lauschte er: es kam niemand. Er klopfte nochmals, und bald darauf erschien ein Mann, der eine gewisse Ähnlichkeit mit dem Evangelisten hatte. Sein Gesicht war ernst und friedevoll. Als er Jungchrist erblickte, lächelte er und fragte:

„Wer bist du, mein Junge?"

„Ich heiße Jungchrist", sagte er. „Darf ich hineinkommen?"

„Kommst du von der Stadt Verderben?" fragte Christlieb (so hieß der Mann) weiter.

„Ja. Ich möchte zum König gehen."

Nun öffnete Christlieb die Tür weit, faßte Jungchrist bei der Hand und zog ihn rasch herein.

„Warum ziehen Sie mich so fest?" fragte Jungchrist.

Christlieb erwiderte: „Der böse Fürst hat hier in der Nähe eine Burg. Wenn er sieht, daß jemand sein Land verläßt, um zum König zu gehen, befiehlt er seinen Soldaten, Pfeile auf ihn abzuschießen."

Jungchrist spähte hinaus. In der Tat, da lagen mehrere

Pfeile auf dem Boden. Er war froh, daß Christlieb das Tor rasch abschloß, und seufzte erleichtert:

,,Jetzt bin ich in Sicherheit."

Christlieb geleitete ihn in sein Haus und hieß ihn sich setzen, während er ihm eine Mahlzeit zubereitete.

,,Wer hat dir den Weg hierher gezeigt?" fragte er.

,,Der Evangelist, und er hat mir versprochen, Sie würden mir sagen, wohin ich nun gehen soll."

,,Selbstverständlich. Aber wie kommt es, daß du allein bist? Wo sind deine Eltern?"

,,Meine Mutter ist bereits beim König, und mein Vater hat so viel zu tun, daß er keine Zeit zum Reisen hat. Deshalb bin ich allein gekommen."

,,Wenn deine Mutter beim König ist, muß sie ebenfalls durch die Pforte gekommen sein. Wahrscheinlich wirst du gelegentlich von ihr hören."

,,Umso besser!" freute sich Jungchrist, war es doch schon lange sein Wunsch, etwas von der geliebten, so früh verstorbenen Mutter zu hören.

,,Kommst du geradewegs von Verderben her?" fragte Christlieb. ,,Ich denke, deine Kameraden haben versucht, dich zurückzuhalten?"

,,Ja. Störrig und Fügsam sind mir nachgelaufen. Störrig ist recht böse geworden. Fügsam ist zwar ein Stück weit mit mir gegangen. Aber als wir im Sumpf eingesunken sind, hat er Angst bekommen und ist umgekehrt. Ich habe gemeint, ich müßte im Sumpf ersticken. Zum Glück ist Helfer im rechten Augenblick herbeigeeilt."

,,Und nachher?" wollte Christlieb wissen.

Jungchrist errötete.

,,Nachher...nachher habe ich mich so schlecht aufgeführt wie Fügsam. Ich habe auf die bösen Ratschläge Weltklugs gehört und bin in der Richtung auf sein Dorf zugegangen. Dort ist die Straße fürchterlich. Ich habe geglaubt, die Felsen würden mich erdrücken. Aber der Evangelist hat mich gefunden und in die Ebene zurückgeführt."

,,Und dann bist du durch die enge Pforte gekommen.

Von nun an bist du ein Pilger des Königs. Du sollst heute nacht hier schlafen, und morgen zeige ich dir den Weg zur himmlischen Stadt.”

9. Kapitel

Jungchrist im Hause des Auslegers

Am nächsten Morgen fühlte sich Jungchrist nach einer guten Nacht wunderbar ausgeruht und war begierig, seine Reise fortzusetzen. Christlieb ließ ihn vors Haus treten und wies auf einen schmalen Fußweg, der die Ebene in gerader Linie durchquerte.

„Gibt es Abzweigungen?” fragte der Junge etwas ängstlich. „Wie soll ich dann wissen, welchen Weg ich wählen muß?”

„Der Weg des Königs geht immer geradeaus”, entgegnete Christlieb. „Die Wege, die sich davon entfernen, sind krumm. Außerdem ist der rechte Weg schmal, während die Straßen, die du meiden mußt, in der Regel breit sind. Wenn du gut achtgibst, kannst du dich nicht irren.”

„Könnten Sie mir nicht meine Last abnehmen?” bat Jungchrist. „Ich käme viel schneller vorwärts ohne sie?”

„Nein, das kann ich nicht. Du mußt sie geduldig tragen, bis du zum Kreuz kommst. Dort wird sie von selbst herunterfallen, und du wirst sie nie mehr erblicken.”

„Welch ein Glück!” seufzte Jungchrist. „Werde ich anderswo solche Häuser wie dieses hier antreffen?”

„Ja. Heute, gegen Mittag, wirst du beim Haus des Auslegers eintreffen. Das ist ein sehr liebenswürdiger Mann, der dir wahrscheinlich allerlei wunderbare Dinge zeigen wird.”

Damit verabschiedete Christlieb sich von Jungchrist.

Das Wetter war schön, und Jungchrist genoß ausgiebig die Wanderung dieses Vormittags. Die Vögel pfiffen muntere Lieder, und er hätte am liebsten miteingestimmt, so froh war ihm zumute. Die reine, klare Luft, die er einatmete, tat ihm gut und verscheuchte die Mattigkeit, unter der er in letzter Zeit gelitten hatte.

,,Hier gibt es nichts, das mir schaden könnte", dachte er. ,,Was Weltklug mir erzählt hat, stimmt gar nicht."

Um die Mittagszeit, als er anfing müde zu werden, bemerkte er an der Straße ein großes Haus und erkannte, daß es dem Ausleger gehören mußte. Er klopfte an die Tür, worauf ein Diener erschien und nach seinem Begehr fragte.

,,Ich bin ein Pilger", sagte Jungchrist, ,,ich gehe zur Stadt des Königs. Gestern habe ich bei Christlieb übernachtet, und er hat mir gesagt, der Herr dieses Hauses sei ein Freund von ihm. Könnte ich ihn sprechen?"

Der Diener ging, um seinen Herrn zu holen, und bald darauf erschien der Ausleger selbst. Er war ein alter, hochgewachsener Mann mit einem langen Bart.

Freundlich legte er Jungchrist die Hand auf den Kopf. ,,Was kann ich für dich tun, mein Junge?"

,,Würden Sie mir einige Ihrer schönen Dinge zeigen?" fragte Jungchrist. Er fühlte sich etwas eingeschüchtert, denn er sagte sich: Wenn auch erwachsene Leute dem Ausleger willkommen waren, so war das noch lange kein Grund, daß Jungen wie er ihn stören durften. Dann fügte er bei: ,,Christlieb hat mir versichert, daß ich Sie besuchen dürfe."

Der Ausleger lächelte.

,,Christlieb ist mein Freund. Du bist ein Pilger des Königs, nicht wahr? Du bist mir willkommen. Ich habe dir tatsächlich allerlei zu zeigen."

Damit nahm er Jungchrist bei der Hand und führte ihn in die Vorhalle, wo der Diener geblieben war. Er verlangte eine Lampe und öffnete die Tür zu einem großen Raum. Die Vorhänge waren zugezogen, aber der Schein der Lampe erfüllte das Zimmer. An der einen Wand hing ein Gemälde, und als Jungchrist es sah, preßte er die Hände ineinander und blieb unbeweglich, wortlos stehen. Das Gemälde stellte einen Mann dar. Nie hatte Jungchrist etwas so Schönes gesehen wie sein Gesicht. Der Mann folgte einem rauhen, dornbewachsenen Bergpfad. Sein Mantel war zerrissen, und von seinen wundgelaufenen Füßen sickerte Blut. Er trug ein Lamm in den Armen. Dieses arme, schwache Lamm legte den Kopf an die Schulter des Hirten, der es zärtlich betrachtete. Über dem Bilde standen in goldenen Buchstaben die Worte:

„Er wird die Lämmer in seine Arme sammeln und an seiner Brust tragen."

Nach langer Zeit fragte Jungchrist:

„War das Lamm verloren gegangen?"

„Ja", antwortete der Ausleger, „es war verloren und beinahe am Sterben. Schau, wie erschöpft es aussieht und wie beschädigt sein Fell ist! Aber der gute Hirte hörte sein klägliches Blöken und suchte das Schäflein, bis er es fand. Dann nahm er es in seine Arme und trug es heim."

„Es muß schwierig gewesen sein, diesen Weg hinaufzuklettern. Er hat sich ja die Füße an den Steinen verwundet!"

„Du hast recht, es war sehr schwierig. Aber der Hirte hat nicht darauf geachtet, denn er hatte sein schwaches Schäflein lieb. Ich habe dir dieses Bild gezeigt, weil der gute Hirte der Sohn des Königs ist. Er liebt die Pilger wie ein Hirte seine Herde. Die jungen Pilger sind seine Schäflein; er wacht über ihnen. Denke daran, wenn du müde oder traurig bist, oder wenn dir etwas bange macht."

„Ja, ich bin auch ein Pilger", sagte Jungchrist und schaute dabei dem Ausleger gerade in die Augen.

„Ich weiß es: ein Pilger und ein Schäflein der Herde des guten Hirten. Jetzt will ich dir etwas anderes zeigen."

10. Kapitel

Ungestüm, Wartestill und der unerschrockene Soldat

Jungchrist bedauerte sehr, von dem Bild weggehen zu müssen.

,,Nie werde ich es vergessen", sagte er sich. ,,Das Antlitz des guten Hirten ist noch schöner als das Gesicht meiner lieben Mutter."

Der Ausleger geleitete ihn ins obere Stockwerk und führte ihn in einen Raum, der wie ein Kinderzimmer aussah. Darin saßen zwei Jungen; der eine sah vergnügt und zufrieden in die Welt, der andere hingegen schrie und war sehr schlechter Laune. Der Ausleger erklärte:

,,Diese beiden Jungen sind für einige Zeit hier. Der weinende Bub heißt Ungestüm, sein Bruder Wartestill."

,,Warum heult er?" fragte Jungchrist.

,,Weil er töricht ist. Er weiß, daß der König ihnen beiden bald wundervolle Geschenke schicken will. Aber anstatt wie Wartestill geduldig darauf zu warten, begehrt er auf und will sie sogleich haben."

In diesem Augenblick öffnete sich die Tür, und ein junger Mann trat ein. Er trug einen Haufen Bücher, Spielzeug und hübsche Sachen herein und legte sie vor Ungestüm auf den Tisch. Der trocknete fröhlich seine Tränen, griff begierig nach einem Säcklein mit glitzernden Goldstücken und hielt es seinem Bruder mit triumphierendem Lachen unter die Nase.

,,Für den Augenblick ist Ungestüm überglücklich", sagte der Ausleger traurig. ,,Es wird jedoch nicht lange dauern, so wird sein Geld ausgegeben, sein Spielzeug zerbrochen und werden seine Bücher zerrissen sein, und wenn die königlichen Geschenke ankommen, wird für ihn nichts mehr dabei sein. Dann wird er bitter bereuen, daß er nicht wie sein Bruder geduldig zuwarten konnte."

,,Werden die Geschenke des Königs schöner sein als diese hier?" fragte Jungchrist.

,,Unvergleichlich viel schöner. Es sind Schätze, die nie vergehen. Wartestill hat tausendmal recht, darauf zu warten."

,,Ungestüm lacht jetzt, aber nachher wird Wartestill vielleicht der Glücklichere sein", meinte Jungchrist.

,,Nicht nur vielleicht, sondern bestimmt", verbesserte der Ausleger. ,,Und denke daran, mein Junge: alles, was ich dir hier zeige, will dich etwas lehren. Was du soeben gesehen hast, soll dir verständlich machen, daß es besser ist, dir nie etwas sehnlich zu wünschen, bevor der König es dir nicht von selbst schickt. Er weiß genau, was für jeden von uns gut ist, und er wird uns immer geben, was uns wirklich beglücken kann. Wenn wir uns aber wie Ungestüm aufführen und nach unseren eigenen Wünschen glücklich sein wollen, werden wir eines Tages bitter enttäuscht sein."

Daraufhin trat der Ausleger mit Jungchrist aus dem Haus, führte ihn durch den Garten und zeigte ihm in der Ferne ein prachtvolles Schloß mit einem flachen Dach, auf dem eine Menge Leute spazieren gingen. Sie alle trugen Gewänder, die wie Gold glänzten.

,,Ist das ein Palast unseres Königs?" erkundigte sich Jungchrist.

,,Ja. Aber es ist nicht leicht, hineinzugelangen. Schau nur, was dort vorgeht!"

Vor dem Palast bemerkte Jungchrist jetzt eine große Volksmenge, die aussah, als trachtete sie hineinzudringen und zögerte doch irgendwie, es zu tun. Nun erst gewahrte er eine Anzahl schwerbewaffneter Krieger, die finster und bösartig aussahen. Sie waren es, vor denen die Leute zurückwichen. Etwas weiter vorn saß ein Mann an einem Tisch und schrieb den Namen eines jeden, der über die Schwelle zu schreiten suchte, in ein Buch ein.

Jungchrist wunderte sich sehr über dieses Schauspiel. Hoffentlich würde doch wenigstens einer tapfer genug sein, in den Palast einzudringen, während er zusah!

,,Warum nur schafft der König diese schrecklichen Soldaten nicht weg? Er sollte sie vertreiben, dann könnte jedermann hinein!"

,,Freilich", entgegnete der Ausleger, ,,das wäre ihm ein leichtes. Aber der König möchte erfahren, wer wirklich hinein will. Wer nämlich den König von ganzem Herzen liebhat, der läßt sich nicht durch die Krieger abhalten. Bleiben wir noch einen Augenblick, sicher kommt bald ein mutiger Mann."

Sie setzten sich ins Gras, und Jungchrist beobachtete gespannt, was weiter geschehen würde.

Bald darauf löste sich die Gestalt eines Mannes aus der Menge. Er näherte sich dem Tisch, und sein Name wurde aufgeschrieben. Dann setzte er seinen Helm auf, ergriff sein Schwert und stürzte sich mitten unter die Soldaten. Lange kämpfte er mit ihnen, und Jungchrist fürchtete, sie würden ihn umbringen. Schließlich aber schritt er, wenn auch mehrfach verletzt, über die Schwelle des Palastes. Im selben Augenblick stimmten die Menschen auf der Zinne ein Triumphlied an.

Jungchrist strahlte übers ganze Gesicht. Er wandte sich zu dem Ausleger und fragte:

,,Will das heißen, daß wir uns nie fürchten sollen, weil der König uns immer behütet und uns durch alle Gefahren sicher zur himmlischen Stadt bringt?"

,,Genau das", stimmte der Ausleger ihm zu. ,,Ich habe mir gedacht, du werdest es von selbst verstehen. Jetzt hast du aber für heute genug gesehen. Du sollst ein Bett bekommen für die Nacht, und morgen magst du deine Reise fortsetzen."

11. Kapitel

Am Fuß des Kreuzes

Jungchrist schlief tief die ganze Nacht. Frühmorgens nahm er von seinem neuen Freund Abschied.

Vom Haus des Auslegers führte die königliche Straße

vorerst zwischen zwei hohen Mauern hindurch. Da würde es leicht sein, nicht fehlzugehen, und Jungchrist fand, daß das die Reise besonders vereinfachte. Der Ausleger mußte ihn warnen, daß die Mauern nicht bis zur himmlischen Stadt reichten.

„Wenn du sie hinter dir gelassen hast", sagte er, „gehst du einfach immer geradeaus. So bist du in Sicherheit."

Während seines Aufenthalts bei dem Ausleger hatte Jungchrist beinahe seine Bürde vergessen. Nach einigen Stunden des Marschierens, als die Hitze zunahm, lastete sie wieder schwer auf ihm.

„Christlieb hat mir versprochen, daß die Last wegrollen werde, sobald ich beim Kreuz anlange", dachte er. „Wenn ich nur wüßte, ob es noch weit ist bis dorthin!"

Mühsam ging er weiter. Da plötzlich erblickte er neben dem Weg einen Hügel, und auf ihm stand – ein Kreuz! Ja, das Kreuz war da! Und sowie Jungchrist sich anschickte, den Hügel zu erklimmen, lösten sich die Riemen, die seine Last auf seinen Schultern festhielten, ganz von selbst. Die Bürde fiel von ihm ab, rollte den Abhang hinunter, und obwohl Jungchrist sich sogleich umwandte, um zu sehen, was aus ihr geworden war, konnte er sie nirgends mehr erblicken.

Im ersten Augenblick war er so überrascht, daß er sich kaum Rechenschaft gab, was geschehen war.

„Ich träume", murmelte er.

Energisch rieb er sich die Augen. Aber nein, die Last war tatsächlich verschwunden. Die Vögel sangen weiter, die Sonne schien noch immer, und Jungchrist kam zur Einsicht, daß er hellwach war. Da begriff er, daß der König selbst ihn von seiner drückenden Last befreit hatte, und zwar für immer.

„Ist das ein Glück!" jubelte er. „Nun werde ich viel schneller vorankommen."

Mit einem Herzen voller Freude und Dankbarkeit betrachtete er das Kreuz.

Ihr wißt, daß der Sohn des Königs einmal in das Land

gekommen war, in dem Jungchrist früher wohnte. Der Sohn des Königs hatte den Leuten nur Gutes und Liebes getan. Trotzdem haßten ihn viele, und schließlich ergriffen sie ihn, um ihn auf grausame Weise zu töten: sie nagelten ihn an ein Holzkreuz. Dieses Kreuz stand nun hier am Wegrand. Alle Pilger zur himmlischen Stadt sollten es sehen und daran erinnert werden, wieviel der Sohn des Königs für sie gelitten hatte. Jungchrist wußte all das, weil er es in seinem Buch gelesen hatte. Als er nun, in Gedanken versunken, das Kreuz betrachtete, ging ihm auf, welch große Liebe den Sohn des Königs getrieben hatte, und er sagte sich:

„Kein Wunder, daß der Evangelist und die Fremden ihn so lieben und nie müde werden, von ihm zu erzählen! Wer weiß, als sie selbst noch Pilger waren, haben sie vielleicht auch eine Bürde getragen, die dann wie meine heruntergefallen ist, als sie zum Kreuz kamen. Wie traurig, daß die Menschen so grausam gegen den Sohn des Königs sein konnten!"

Bewegt schaute Jungchrist aufs neue zum Kreuz auf. Im selben Augenblick hörte er hinter sich eine Stimme, die ihn grüßte:

„Friede sei mit dir!"

Rasch wandte er sich um und gewahrte drei leuchtende Gestalten in weißen Kleidern. Ihr Glanz war derart, daß Jungchrist ganz geblendet war, so als versuchte er, in die Sonne zu schauen.

„Die kommen sicher aus der himmlischen Stadt!" dachte er. „Wie wundervoll sind sie!"

Da sprach eine der leuchtenden Gestalten ihn an:

„Jungchrist, du hast den König oft betrübt. Aber er schickt mich zu dir, um dir zu versichern, daß er dir vergibt und alle deine Sünden vergessen will."

Die zweite fuhr fort:

„Dein Kleid ist zerrissen und schmutzig, Jungchrist. Doch sieh, ich bringe dir neue Kleider, denn der König wünscht, daß seine Pilger vollkommen saubere und gute Kleider tragen."

Und bevor Jungchrist Zeit hatte, an eine Antwort zu denken, wurde ihm sein Kleid ausgezogen, und er stand in einem reinen , weißen Kleid da.

Die dritte leuchtende Gestalt drückte ihm sodann das Siegel des Königs auf die Stirn und überreichte ihm eine Pergamentrolle mit der Weisung, sie unterwegs zu lesen.

,,Gib gut auf sie acht, Jungchrist, denn bei der Ankunft in der himmlischen Stadt wirst du sie vorzuweisen haben!"

Darauf verschwanden die leuchtenden Gestalten, und Jungchrist blieb allein zurück. Seine Freude über alles, was der König für ihn getan hatte, war so groß, daß sein Herz darob zu zerspringen drohte.

12. Kapitel

Albern, Faulpelz und Eingebildet

Ihr könnt euch vorstellen, wie glücklich Jungchrist beim Weitergehen war. Unaufhörlich jubelte es in ihm:

,,Meine Last ist weg, meine Last ist weg! Und der König hat mir prächtige Kleider geschenkt. Ich hätte mich schon längst aufgemacht, wenn ich gewußt hätte, wie schön es ist, ein Pilger zu sein."

Christine kam ihm in den Sinn, und er dachte:

,,Wie schade, daß sie nicht mitgekommen ist!"

Er fragte sich zwar, ob es ihr möglich gewesen wäre, von zu Hause wegzugehen, denn sie hatte für drei Brüder und ein Schwesterchen zu sorgen.

,,Wir hätten die Kleine abwechslungsweise tragen können, aber die Jungen wären schnell müde geworden. Wenn ich in die Stadt komme, kann ich vielleicht den König bitten, daß er jemand schickt, um sie alle miteinander herzuholen."

Ob wohl seine Mutter dem König gesagt hatte, ihr kleiner Junge sei in Verderben zurückgeblieben? Ob sie nun wußte, daß er seine Bürde los war und daß der König ihm solch prächtige Kleider geschickt hatte? Er selbst mußte immer wieder staunend an sich herunterschauen, denn sie waren schneeweiß und so angenehm zu tragen. Wahrhaftig, die alten waren zu heiß und schwer gewesen!

All diese Gedanken beschäftigten Jungchrist im Weitergehen. Doch plötzlich stand er still: nicht weit von ihm entfernt hatte er drei große Jungen erblickt, die im Gras lagen. Ihre Füße waren mit eisernen Fesseln zusammengekettet, aber sie schliefen fest.

Diese Jungen waren leichtsinnig genug gewesen, den geraden Weg zu verlassen. Sie hatten nur ein wenig ruhen wollen, denn der Tag war heiß, dann hatte der Schlaf sie übermannt. Aber die Knechte des bösen Fürsten waren immer auf der Lauer, um die Pilger bei einem Fehltritt zu ertappen, und kaum hatten sie die schlummernden Jungen gesehen, da waren sie eilig gekommen und hatten ihnen die Füße in Ketten gelegt. Wenn nun der König nicht selbst jemanden schickte, um ihre Ketten zu lösen, würden sie nie mehr einen Schritt in der Richtung der himmlischen Stadt tun können.

Jungchrist sah ein, daß er unrecht täte, weiterzugehen, ohne die Jungen auf die Gefahr aufmerksam zu machen. Darum versuchte er, sie zu wecken.

„Steht auf!" rief er. „Ihr dürft hier nicht schlafen. Es ist gefährlich. Schaut doch: ihr habt Ketten an den Füßen!"

Nach einer Weile antwortete einer der Jungen, Albern mit Namen, ohne auch nur die Augen zu öffnen:

„Was kümmert dich das? Wir haben nichts zu klagen. Laß uns in Ruhe!"

Jungchrist drang weiter auf sie ein:

„Ihr seid in großer Gefahr. Schnell, beeilt euch! Ich helfe euch, die Ketten zu lösen."

Faulpelz lag neben Albern. Mühsam richtete er sich auf, rieb sich die Augen und blinzelte Jungchrist schläfrig an.

,,Warum störst du uns? Geh weiter! Du brauchst nicht auf uns zu warten. Ich komme dann schon, wenn ich ausgeschlafen habe."

Und der dritte Junge, namens Eingebildet, fügte hinzu:,,Wir können doch wohl machen, was wir wollen, nicht? Wenn es uns paßt, an einem gefährlichen Ort zu schlafen, so ist das unsere Sache und nicht deine. Tu uns den Gefallen und geh weiter!"

Einer wie der andere streckte sich wieder im Gras hin und schlief ein. Jungchrist mußte einsehen, daß er bloß seine Zeit mit ihnen verlor, und nahm den Weg wieder unter die Füße. Aber das Herz wurde ihm schwer beim Gedanken an die sorglosen Jungen, die nicht glauben wollten, daß sie in der Gewalt des bösen Fürsten waren.

13. Kapitel

Heuchler und Selbstsicher

Nach einer Weile schaute Jungchrist zurück, denn er hoffte, die Schläfer wären inzwischen doch erwacht und begehrten seine Hilfe. Aber alles blieb still! Sie schlummerten anscheinend ruhig weiter. So hieß es denn allein vorwärts gehen. In diesem Augenblick hörte Jungchrist zu seiner Rechten ein Geräusch, und siehe da, zwei Jungen kletterten über die Mauer, sprangen auf die königliche Straße herunter und kamen bei Jungchrists Anblick auf ihn zugelaufen.

,,Woher kommt ihr?" wollte er wissen.

Heuchler und Selbstsicher – so hießen die beiden – antworteten:

,,Wir kommen aus dem Lande Hoffart und gehen nach der himmlischen Stadt, um den König zu sehen."

,,Wißt ihr denn nicht, daß man durch die enge Pforte eingehen muß, bevor man den königlichen Weg betritt?"

„Das ist viel zu weit weg für uns! Wir haben eine Abkürzung genommen, quer durch die Felder."

Jungchrist hatte sofort den Eindruck, der König habe es nicht gern, wenn seine Pilger ihre Reise auf diese Weise antraten, und sagte deshalb:

„Ich glaube, das ist nicht recht von euch."

„Kümmere dich nicht darum! Unsere Leute machen nie solch einen Umweg. Was kann es übrigens ausmachen? Hier sind wir ja auf dem rechten Weg! Du bist durch die enge Pforte gegangen, wir über die Mauer, und jetzt sind wir alle gleich weit."

„Ich fürchte, es ist nicht recht von euch", wiederholte Jungchrist.

„Unsinn! Wir sind ebenso gute Pilger wie du, außer daß du schönere Kleider hast. Aber die hat dir wohl jemand geschenkt, weil deine nichts mehr wert waren."

Jungchrist verspürte große Lust, ihnen diese bösen Worte im selben Ton zurückzugeben. Aber sein Buch hatte ihn gelehrt, daß die Knechte des Königs immer freundlich bleiben sollen, selbst gegen aufgebrachte Leute. Er gab sich deshalb einen Ruck, um seinen aufsteigenden Zorn zu bezwingen, und antwortete ruhig:

„Ihr habt ganz recht, meine Kleider waren zerrissen und sehr schmutzig. Der König selbst hat mir dieses Kleid gegeben, darum bin ich auch überzeugt, daß er mich, wenn ich zu ihm komme, als seinen Pilger erkennen wird. Außerdem hat ein leuchtender Bote mir das Siegel des Königs auf die Stirn gedrückt, und ich habe auch eine Rolle, die ich vorweisen muß, wenn ich in die Stadt komme. Ihr habt nichts von alledem, weil ihr nicht durch die enge Pforte eingegangen seid."

Statt einer Antwort begannen die Burschen laut zu lachen, so daß Jungchrist sie stehen ließ und seinen Weg allein fortsetzte.

Bald darauf kam er an den Berg der Schwierigkeiten. Der königliche Weg führte zum Gipfel hinauf, und Jungchrist wußte, nun galt es, tapfer den steilen, beschwerlichen Aufstieg zu wagen. Eine Quelle sprudelte zwischen den Steinen hervor, und da er sehr durstig war, trank er ausgiebig von dem frischen, kühlen Wasser. Dann nahm er wohlgemut den steinigen Pfad in Angriff.

Heuchler und Selbstsicher folgten etwas weiter hinten nach. Als sie an den Hügel kamen, sahen sie zwei Wege vor sich: der eine wandte sich nach rechts, der andere nach links, aber beide entfernten sich von der rechten Richtung.

„Wozu da hinaufklettern? Diese Windungen führen um den Berg herum, folglich kommen sie auf der andern Seite wieder mit dem Weg des Königs zusammen. Wenigstens haben sie den Vorteil, weder steil noch mühsam zu sein."

Selbstsicher beschloß: „Ich nehme diesen Weg."

Und Heuchler: „Ich diesen."

Und die beiden trennten sich in der festen Überzeugung, sich bald wieder zu finden.

Doch nein! Wenn sie durch die enge Pforte eingegangen wären, hätten sie wie Jungchrist gewußt, daß der gerade Weg der einzige war, auf dem man sicher gehen konnte. Ich muß euch leider sagen, daß die beiden Burschen verlorengingen, und das nur, weil sie sich nicht die Mühe genommen hatten, dem König zu gehorchen und ihre Pilgerreise in der richtigen Weise anzutreten.

Selbstsicher hatte den Weg der Gefahr gewählt. Bald befand er sich in einem undurchdringlichen Wald. Nachdem er tage- und nächtelang darin umhergeirrt war, ohne einen Ausweg zu finden, starb er schließlich vor Hunger und Kälte.

Der Weg der Verlorenheit, den Heuchler gewählt hatte, war nicht besser. Er endete in einem finsteren, zerklüfteten Gebirge. Heuchler kletterte nach allen Richtungen darin umher, aber eines Tages glitt sein Fuß aus, er stürzte auf einen Felsblock und blieb so schwer verwundet liegen, daß auch er elend umkam.

14. Kapitel

Der Berg der Schwierigkeiten

Jungchrist fand den Bergpfad allerdings sehr mühsam. Die scharfen Steine taten ihm an den Füßen weh. Auch wurde der Weg immer steiler, so daß er schließlich auf Händen und Füßen bergan klettern mußte. Es war um die Mittagszeit, die Sonne schien mit voller Kraft und sandte ihre Strahlen gradlinig auf den Kopf des Wanderers, der sich unsäglich matt fühlte.

„Was wäre aus mir geworden", dachte er, „wenn ich gestern hier heraufgekommen wäre? Niemals hätte ich mit der Bürde auf meinem Rücken diesen Steilhang bewältigen können!"

Auf halber Höhe wurde der Weg etwas weniger steil, und Jungchrist konnte wieder aufrecht gehen. Das heißt aber nicht, daß nun alles leicht gewesen wäre. Nein! Als er deshalb in einiger Entfernung ein grünes Plätzchen unter einem dichten Laubdach erblickte, stieß er einen Seufzer der Erleichterung aus.

Diese Laube war auf Befehl des Königs errichtet worden, damit seine Pilger sich im Schatten ausruhen konnten.

Jungchrist trat ein und setzte sich.

„So", dachte er, „jetzt kann ich endlich in Ruhe die Rolle untersuchen, die der leuchtende Bote mir gegeben hat."

Er entrollte sie und las eine Weile. Anstatt sich dann aber tapfer wieder auf den Weg zu machen, um möglichst rasch das Ziel zu erreichen, streckte er sich faul unter dem Blätterdach aus, bewunderte seine neuen Kleider, dachte an dies und jenes und ... schlief zu guter Letzt ein.

Als er erwachte, war es später Nachmittag. Jungchrist sprang auf seine Füße, verließ schleunigst den grünen Ruheplatz und hastete bergan.

Er hatte den Gipfel noch nicht erreicht, als ihm zwei

Jungen entgegenkamen. Sie liefen, was sie konnten, waren bleich vor Furcht und zitterten von Kopf bis Fuß. Sie hielten aber an, als Jungchrist sie fragte:

,,Was habt ihr bloß? Ihr geht ja in der falschen Richtung!"

,,Wir wissen es schon!" erwiderte der ältere (er hieß Furchtsam). ,,Wir wollten zur himmlischen Stadt pilgern und hatten bereits diesen Berg erklettert. Aber je weiter wir gehen, desto mehr Gefahren lauern auf uns. Drum laufen wir so schnell als möglich wieder heim."

,,Ja, denk nur", ergänzte der zweite (er hieß Mißtrauisch), ,,hinter dem Gipfel liegen zwei große Löwen quer über dem Weg. Wir wissen nicht, ob sie schlafen oder wach sind. Aber ich bin sicher, wenn wir an ihnen vorbeigehen wollen, fressen sie uns auf."

Jungchrist bekam es mit der Angst zu tun.

,,Was soll ich machen?"

,,Du mußt mit uns umkehren, das ist doch klar! Es wäre verwegen, dich in die Nähe dieser wilden Tiere zu wagen."

,,Und doch... ich weiß nicht...", zögerte Jungchrist. ,,Wenn ich umkehre, werde ich den König nie sehen."

,,Du wirst ihn auch nicht sehen, wenn du weitergehst. Die Löwen werden dich töten."

Zum Glück fiel es Jungchrist in diesem Augenblick ein, daß sowohl der Evangelist wie auch Christlieb und der Ausleger ihm versichert hatten, daß in der Stunde der Gefahr der König ihn behüten werde. Darum sagte er jetzt entschlossen:

,,Nein, ich kehre nicht um! Vielleicht sind die Löwen eingeschlafen. Kommt mit mir!"

,,Wo denkst du hin?" schrien Furchtsam und Mißtrauisch einstimmig. ,,Wir haben viel zu große Angst. Nein, wir gehen so schnell als möglich nach Hause und sind heilfroh, wenn wir gesund dort ankommen."

Und im Laufschritt eilten sie bergab.

Begreiflicherweise fühlte Jungchrist sich recht beunruhigt.

„Ich will doch einmal nachsehen, ob in meiner Rolle von den Löwen die Rede ist", dachte er.

Aber so sehr er auch in seinen Taschen wühlte, er konnte keine Rolle finden.

„Wo mag sie nur stecken?" fragte sich Jungchrist. „Was hab ich denn nur damit gemacht?"

Er hielt an, um nachzudenken. Er war tief bekümmert, denn er erinnerte sich wohl, was die leuchtende Gestalt ihm eingeschärft hatte.

„Ich werde nicht in die königliche Stadt eingelassen, wenn ich sie nicht wiederfinde. Was soll ich nur tun?"

15. Kapitel

Jungchrist erreicht Schloß Prachtvoll

Der Verlust seiner Rolle versetzte Jungchrist in tiefe Niedergeschlagenheit. Vor lauter Kummer vergaß er sogar die Löwen. Er konnte an nichts anderes denken, als daß er durch seinen Leichtsinn das köstliche Geschenk seines Königs verloren hatte.

Plötzlich fiel ihm sein Aufenthalt in der Laube ein. Wer weiß, vielleicht war die Rolle auf die Erde gefallen, als er so rasch aufgesprungen war?

„Wie dumm von mir, einfach einzuschlafen", dachte er. „Das hat mich so viel Zeit gekostet! Jetzt kann ich den Gipfel nicht mehr vor der Nacht erreichen. Aber was tut's? Wenn ich nur meine Rolle wiederfinde!"

Langsam ging er den Weg zurück, die Blicke auf den Boden geheftet, für den Fall, daß er den Gegenstand unterwegs verloren hätte. Er erreichte die Laube, und wahrhaftig, neben der Bank, da wo er eingeschlafen war, lag zu seiner Freude der verlorene Schatz.

Ihr könnt euch vorstellen, wie eifrig er danach griff und wie dankbar er war, daß der König ihn so geführt hatte, daß er seine Rolle wiederfinden konnte.

All dies hatte natürlich viel Zeit gebraucht. Obwohl Jungchrist, so schnell es ihm seine Beine erlaubten, bergan eilte, war die Sonne inzwischen untergegangen. Als er den Gipfel erreichte, war es beinahe Nacht.

„Es ist meine Schuld! Wenn ich am Nachmittag nicht so faul gewesen wäre, hätte ich Zeit gehabt, vor der Dunkelheit eine Unterkunft zu suchen."

Da fielen ihm auch die Löwen wieder ein. Wie weit entfernt mochten sie sein? Er hatte oft gehört, daß diese wilden Tiere bei Nacht umhergingen und ihre Beute suchten. Je finsterer es wurde, desto mehr wuchs Jungchrists Angst.

Bald jedoch bemerkte er im Dunkeln ein großes Gebäude, und das flößte ihm neuen Mut ein. Er verdoppelte seine Eile und erkannte, daß der königliche Weg an der Vorderseite eines Palastes vorbeiführte. Ein Pförtnerhäuschen war vorne angebaut, und Jungchrist hoffte, daß man ihm erlauben würde, dort zu übernachten.

Der Weg war merkwürdig schmal geworden. Bereits stand Jungchrist vor dem Eingangsportal, da gewahrte er wenige Schritte vor sich die beiden Löwen, die Furchtsam und Mißtrauisch solchen Schrecken eingejagt hatten. Diese Löwen lagen einer zur Rechten, einer zur Linken des Weges. Sie waren angekettet, aber in der Dunkelheit sah man die Ketten nicht, so daß Jungchrist entsetzt stehenblieb. Wenn er versuchen sollte, zwischen ihnen hindurchzugehen, würden die Raubtiere sich bestimmt auf ihn stürzen.

Wachsam, der Pförtner des Palastes, wußte, wie sehr die Pilger sich vor den Löwen fürchteten. Darum trat er oft aus seinem Häuschen heraus, um nachzusehen, ob jemand käme. Wie er nun Jungchrists ansichtig wurde, rief er ihm zu:

„Nur keine Angst! Die Löwen sind beide angekettet. Geh ganz geradeaus, sie werden dir nichts antun!"

So schritt Jungchrist denn vorwärts. Das Herz schlug ihm bis zum Hals hinauf, und er zitterte an allen Gliedern. Aber er hielt sich in der Mitte des Weges, und obwohl die Löwen knurrten, als er an ihnen vorüberging, blieben sie reglos liegen und streckten nicht einmal ihre gewaltigen Pranken nach ihm aus.

Kaum war er an ihnen vorüber, klatschte Jungchrist frohlockend in die Hände, lief auf den Pförtner zu und fragte ihn:

„Wem gehört dieses Schloß?"

„Das ist Schloß Prachtvoll. Es gehört dem König, der es für seine Pilger erbauen ließ. Gehst du zur himmlischen Stadt?"

„Ja, die letzte Nacht habe ich beim Ausleger zugebracht. Glauben Sie, daß ich bis morgen früh hier bleiben kann?"

„Wie kommt es, daß du so spät bist?"

Was blieb Jungchrist anderes übrig, als Wachsam zu bekennen, wie er den Nachmittag vertrödelt und seine Rolle verloren hatte?

„Komm mit mir!" befahl der Pförtner. „Ich werde die Schloßherrin rufen, und wenn du wirklich ein Pilger des Königs bist, wird sie dich aufnehmen."

Miteinander schritten sie auf den Haupteingang zu, und der Pförtner zog an der Klingel.

16. Kapitel

Neue Freunde

Da stand Jungchrist nun neben Wachsam am Eingang des Schlosses und wartete. Als die Tür sich öffnete, erschien eine Frau auf der Schwelle. Es war Feinfühlig, und Jungchrist wußte im selben Augenblick, daß ihm nie zuvor ein Antlitz von solchem Liebreiz begegnet war.

,,Warum haben Sie mich gerufen?" erkundigte sich Feinfühlig, und als sie Jungchrist erblickte, legte sie ihm liebevoll die Hand auf die Schulter.

,,Sie gleicht dem Bild meiner Mutter", sann Jungchrist.

,,Ich werde sie bestimmt sehr gern haben."

Wachsam aber gab seiner Gebieterin Auskunft:

,,Dieser Junge will zur himmlischen Stadt gehen. Da es aber zu spät für ihn ist, um die Reise heute abend fortzusetzen, wäre er dankbar, wenn Sie ihn für die Nacht aufnehmen könnten."

Feinfühlig richtete zahlreiche Fragen an Jungchrist. Sie wollte wissen, woher er käme, warum er seine Familie verlassen und wer ihm den königlichen Weg gezeigt habe. Er mußte ihr alles genau erzählen.

,,Wie heißt du?" fragte sie schließlich.

,,Ich heiße Jungchrist, und ich wäre so froh, wenn Sie mir erlauben wollten, über Nacht dazubleiben."

Feinfühlig lächelte ob dem ängstlichen Ausdruck des Jungen.

,,Freilich, du darfst hierbleiben. Warte einen Augenblick! Ich will meine Töchter herrufen."

Sie ließ ihn allein und kam bald darauf mit drei Mädchen zurück. Die beiden älteren, Gottesfurcht und Klugheit, waren älter als Jungchrist, aber Bruderliebe, die Jüngste, schien im gleichen Alter zu sein wie er.

,,Da ist ein Pilger des Königs. Wir haben doch noch Platz im Schloß für ihn, nicht wahr?"

,,Gewiß", antwortete Klugheit, und Bruderliebe näherte sich dem Jungen und nahm ihn bei der Hand, wie Christine es immer getan hatte.

,,Tritt ein", bat Gottesfurcht. ,,Wir sind froh, daß du gekommen bist."

Eine Anzahl Menschen hielten sich in der Halle auf, in die Jungchrist eintrat, und jeder betrachtete ihn wohlwollend.

,,Meine Mutter gibt sich mit all diesen Leuten ab", vertraute Bruderliebe ihm an. ,,Wir drei, wir kümmern uns um die jungen Pilger."

,,Jungchrist muß todmüde sein", sagte die Mutter. ,,Führt ihn in euer Zimmer. Da kann er ausruhen, bis es Zeit zum Essen ist."

Die drei Mädchen geleiteten Jungchrist in ein freundliches, wohnliches Gemach, und er war froh, sich endlich setzen zu können. Eine Lampe warf ihren traulichen Schein auf die Wände, an denen wunderschöne Bilder hingen. Gottesfurcht und Klugheit griffen zu einer Näharbeit, und Bruderliebe setzte sich auf einen Stuhl neben Jungchrist.

Bruderliebe war ein reizendes Mädchen, immer hilfsbereit und bemüht, ihren Mitmenschen Freude zu bereiten.

,,Bist du nicht zu müde, Jungchrist, um uns etwas von deiner Reise zu erzählen?" fragte Gottesfurcht. ,,Weshalb bist du von zu Hause weggegangen?"

,,Weil ich Angst hatte", erklärte Jungchrist. ,,Es sind nämlich öfters Fremde in unsere Stadt gekommen und haben behauptet, sie werde eines Tages untergehen."

,,Was hat dich auf den Gedanken gebracht, dem Weg des Königs zu folgen?"

,,Mein Buch, das von der himmlischen Stadt berichtet. Dann habe ich auch den Evangelisten getroffen, und er hat mir gezeigt, wo die enge Pforte ist."

,,Hat dich der Ausleger in sein Haus eingeladen?"

,,Ja! Er ist sehr freundlich zu mir gewesen. Er hat mir das Bild des guten Hirten gezeigt, und ich habe auch zuschauen können, wie ein Soldat in den Palast eingedrungen ist. Ich wäre gern länger beim Ausleger geblieben."

,,Und was hast du heute erlebt?"

,,Heute morgen bin ich am Kreuz vorbeigekommen. Dort ist meine Bürde von mir weggerollt, und drei leuchtende Gestalten haben mir diese weißen Kleider gebracht. Auch diese Rolle haben sie mir vom König gegeben, und einer hat mir dieses Siegel auf die Stirn gedrückt. Später bin ich an drei Jungen vorübergekommen, die am Wegrand schliefen. Ich habe versucht, sie zu wekken, aber sie haben nicht auf mich hören wollen. Nachher sind Selbstsicher und Heuchler über die Mauer geklettert; ich glaube, sie haben unten am Berg den Weg verfehlt, jedenfalls habe ich sie nirgends mehr gesehen."

„Der Aufstieg auf diesen Berg ist schwer, nicht wahr?" meinte Gottesfurcht.

„So schwer, daß ich gefürchtet habe, ich würde nie oben ankommen. Und als ich erst die Löwen gesehen habe, da wäre ich am liebsten davongerannt. Zum Glück hat Wachsam mir zugerufen, sie seien angekettet."

Auch Klugheit hatte einige Fragen auf dem Herzen: „Denkst du manchmal an zu Hause?"

„Ja, oft", erwiderte Jungchrist.

„Hast du schon einmal Lust gehabt, wieder heimzukehren?"

„Ja, wenn ich fast nicht mehr weiterkonnte. Aber ich weiß, daß die himmlische Stadt viel schöner ist als Verderben und daß ich nirgends so glücklich sein kann wie dort."

„Warum wirst du dort so glücklich sein?"

„Weil ich den Sohn des Königs sehen werde", sagte Jungchrist mit Überzeugung. „Ich habe ihn lieb, weil er am Kreuz an meiner Stelle gestorben ist. Und außerdem ist meine Mutter beim König. Sie ist gestorben, als ich noch ein kleines Kind war. Aber ich werde sie bestimmt erkennen, weil ich ein Bild von ihr gesehen habe."

„Hast du Geschwister?" fragte Bruderliebe.

„Nein. Aber Christine hat viel mit mir gespielt. Wenn ihr wüßtet, wie lieb sie ist!"

„Warum hast du sie denn nicht mitgebracht?"

„Sie hat nicht glauben können, was die Fremden sagten. Außerdem muß sie für ihre kleineren Geschwister sorgen, weil sie keine Eltern mehr haben. Sie muß alles allein machen."

„Hast du nicht versucht, sie zu überreden?"

„Doch, ich habe ihr oft von der Stadt erzählt. Vielleicht wäre ich aber selber nie aufgebrochen, wenn ich nicht den Evangelisten gekannt hätte. Er hat mir den Weg zur engen Pforte gezeigt, und dann bin ich davongeeilt, ohne mich auch nur von Christine zu verabschieden."

„Nun, ich hoffe, sie wird den Evangelisten auch treffen und sich samt ihren Geschwistern auf den Weg machen."

In diesem Augenblick ertönte der Klang einer Glocke. Gottesfurcht und Klugheit erhoben sich:

„Das Nachtessen ist bereit."

Jungchrist war ebenso hungrig wie müde und aß deshalb mit gutem Appetit. Nach der Mahlzeit führte Feinfühlig ihn in ein hübsches Zimmer, dessen Fenster gegen Osten schaute. Der Junge versank in einen tiefen Schlaf, aus dem erst die Strahlen der aufgehenden Sonne ihn weckten.

17. Kapitel

Ein glücklicher Tag

Beim Aufstehen sagte sich Jungchrist:

„Ich muß mich bald wieder auf den Weg machen."

Doch kaum war das Frühstück beendet, rief Feinfühlig ihn zu sich und sprach:

„Jungchrist, ich glaube, es täte dir gut, ein paar Tage bei uns zu bleiben. Du bist tüchtig gegangen, seitdem du von zu Hause aufgebrochen bist, und es ist besser für einen jungen Pilger, wenn er nicht allzu rasch geht, besonders am Anfang seiner Reise."

„Ich bleibe sehr gern hier", antwortete Jungchrist, „wenn ich Sie nicht störe."

„Nein, du störst uns nicht. Es gehört mit zur Arbeit meiner Töchter für den König, sich um die jungen Wanderer zu kümmern, und wir haben solche sehr gern im Schloß."

„Ist meine Mutter auch bei Ihnen gewesen? Sie hieß Friedfertig. Sie wird wohl auf ihrer Reise zum König hier vorbeigekommen sein. Es ist aber schon lange her; ich war ganz klein, als sie starb."

,,Wir können nachschauen, ob ihr Name in einem unserer Gästebücher steht."

,,Ich finde, sie glich Ihnen ein wenig, ein ganz klein wenig", stotterte Jungchrist verlegen.

,,Du wirst sie wiedersehen, deine Mutter", murmelte Feinfühlig.

,,Sind Sie sicher, daß ich sie in der himmlischen Stadt finden werde?"

,,Ja, ganz sicher", wiederholte Feinfühlig mit einem mütterlichen Lächeln, ,,und dann wirst du sie nie mehr verlieren."

,,Und mein Vater?" fragte Jungchrist besorgt. ,,Wird er wohl immer so beschäftigt sein, daß er keine Zeit hat, auf die Reise zu gehen?"

,,Eines jedenfalls kann ich dir versichern: der König wird nicht aufhören, ihn in die himmlische Stadt einzuladen. Und wer weiß, wenn dein Vater hört, wie glücklich deine Mutter und du seid, möchte er auch bei euch sein und macht sich eines Tages auf."

,,Er wird unterwegs keine Angst haben", sagte Jungchrist. ,,Ob wohl Mama sich auch ein bißchen gefürchtet hat vor den Löwen? Wenn Papa dann kommt, wollen Sie ihm bitte sagen, daß ich bei Ihnen gewohnt habe und daß ich am Eingang zur himmlischen Stadt auf ihn warten werde?"

,,Ja, ich werde es ihm ausrichten", versprach Feinfühlig. ,,Jetzt habe ich allerlei zu besorgen. Bruderliebe wird dich in die Bibliothek begleiten, dort kannst du in unsern Büchern nachsehen, ob der Name deiner Mutter verzeichnet ist."

Wie restlos glücklich war Jungchrist an diesem Tag! Einmal leistete Bruderliebe ihm Gesellschaft, dann wieder Klugheit oder Gottesfurcht. Eine war liebenswürdiger als die andere, und jede suchte zu erraten, was ihm Freude machen könnte. Mit ihrer Hilfe fand er in einem alten Gästebuch den Namen seiner Mutter. Da wurde ihm vollends warm ums Herz. Zu denken, daß seine Mutter sich in denselben Räumen aufgehalten hatte!

Im übrigen hatte Jungchrist wie die meisten Jungen eine Vorliebe für Bücher mit spannenden Geschichten. In der Bibliothek des Schlosses fand er eine Menge solcher Bücher. Klugheit zeigte ihm, welche er lesen konnte. In vielen waren junge Menschen dargestellt: Mose, der junge Samuel im Tempel, Daniel und seine Freunde oder Timotheus, der seiner Mutter zuhörte, was sie ihm von Jesus und seinen Jüngern zu erzählen wußte.

,,Und da ist unser Königssohn selbst", sagte Gottesfurcht.

,,Dein Buch hat dir ja erzählt, daß er nach Verderben gekommen war, und zwar als ein schwaches Kind in eine arme Familie. Hier siehst du ihn in den Armen seiner Mutter, und vor ihm knien die Hirten."

Jungchrist fand großes Gefallen an diesem Bild und betrachtete es noch immer eingehend, als Bruderliebe ihn aufforderte, das Bild zu bewundern, das ihr am allerbesten gefiel: es stellte ein Kind dar, das auf einem schmalen Pfad daherkam; ein schöner Engel folgte ihm und hielt schützend die Hände über ihm, als wollte er es jeden Augenblick bei den Schultern fassen.

,,Siehst du, es kann nicht hinunterfallen. Wenn es ausgleiten sollte, hält der von Gott gesandte Engel es fest."

Die Stunden flogen nur so dahin, so daß Jungchrist ganz erstaunt war, als es bereits Abend wurde. Feinfühlig war den ganzen Tag sehr beschäftigt gewesen, doch nun kam sie in die Bibliothek, wo Jungchrist am Lesen war. Er legte das Buch beiseite, als sie eintrat. Feinfühlig sprach leise mit ihm. Sie erzählte ihm beim Schein der Lampe manches von ihrem König und von seinem Sohn, dem Prinzen.

,,Nie habe ich einen glücklicheren Tag erlebt", dachte Jungchrist beim Schlafengehen. ,,Wenn ich nicht solch große Lust hätte, in der himmlischen Stadt zu wohnen, würde ich am liebsten immer hier bleiben."

18. Kapitel

Jungchrist erhält seine Rüstung

Drei volle Tage durfte Jungchrist auf Schloß Prachtvoll zubringen. Am zweiten Tag erlaubte ihm Feinfühlig, die Rüstkammer zu besichtigen. Das war ein großer Saal, in dem Waffen aller Gattungen aufbewahrt wurden. Sie standen den Pilgern des Königs zur Verfügung. Jungchrist sah lange Reihen von glänzenden Helmen und Schilden, funkelnden ehernen Rüstungen, blinkenden Schwertern und Stiefeln, die sich nie abnützten, wie Bruderliebe ihm erklärte. Es fiel ihm auf, daß diese Gegenstände nicht alle für Erwachsene zu sein schienen, denn einzelne Helme wären sogar ihm zu eng gewesen, und manche Schwerter waren so winzig klein, als kämen sie aus einem Spielzeugkasten.

„Sind die zum Spielen da?" fragte er.

„Nein, was denkst du auch! Die sind für die allerkleinsten Pilger", erwiderte Gottesfurcht.

Da wurde Jungchrist mit sich selbst einig, daß auch er sehr, sehr gern ein eigenes Schwert und einen eigenen Schild haben und ein rechter Soldat des Königs werden wollte.

Gottesfurcht ließ sich in einer Fensternische der Waffenkammer nieder und erzählte Jungchrist, was für Taten einige Pilger des Königs vollbracht hatten. Die Geschichte, die ihm am besten gefiel, handelte von einem jungen Hirten, David, der gegen einen Riesen gekämpft und ihn getötet hatte.

„Der Riese war ein Feind des Königs", sagte Gottesfurcht, „und er hatte sich vorgestellt, es werde ihm ein leichtes sein, David umzubringen. Er hatte eine Rüstung, die ihn vom Kopf bis zu den Zehenspitzen bedeckte, während David bloß ein Hirtenkleid trug und weder Schwert noch Säbel hatte."

„Womit hat er denn gekämpft?" wunderte sich Jungchrist.

„Er hatte seine Schleuder und einen Stein. Damit zielte er gegen den Riesen, und der König half ihm dabei, so daß der Stein tief in die Stirn des Riesen eindrang und ihn tötete."

Diese Geschichte wirkte sehr aufmunternd auf Jungchrist. Hatte der König einem David geholfen, so half er gewiß auch jedem Pilger, der ihm vertraute.

Am dritten Tag sprach Jungchrist zu Klugheit:

„Ich glaube, es wird Zeit, daß ich weitergehe."

„Noch nicht, Jungchrist. Vor deiner Abreise müssen wir dir noch die Aussicht zeigen, die man von der Zinne des Schlosses hat, und heute ist es neblig, da würdest du nichts sehen."

So verging ein weiterer Tag. Am folgenden Morgen hatte der Nebel sich völlig aufgelöst, und gleich nach dem Frühstück stiegen die Mädchen mit Jungchrist auf die Zinne.

Jungchrist schaute nach Süden und erkannte in dunstiger Ferne eine lange Kette von prächtigen Bergen, vor denen sich üppig-grüne Felder, Weinberge und große Wälder dehnten. Ja, er konnte die Bäche glitzern sehen, die von den Hängen in die stillen Täler flossen.

„Wie wunderschön!" rief er aus.

„Nicht wahr?" sagte Gottesfurcht. „Das ist das Immanuelsland, und die königliche Straße führt dort hindurch. Jene Berge heißen die Berge der Freude; von ihrer Höhe kannst du die Tore der himmlischen Stadt erblicken."

„Werde ich bald dort sein?"

„Ich weiß nicht."

Da ertönte Feinfühligs Stimme, die nach ihren Töchtern rief.

„Wir müssen Jungchrist rechtzeitig ziehen lassen", sprach sie. „Er sollte vor der heißen Tageszeit im Tal anlangen können."

„Ich bin bereit", sagte Jungchrist.

Aber Bruderliebe unterbrach ihn:

„Nein, er ist nicht bereit, nicht wahr, Mutter? Wir müssen ihm noch etwas mitgeben."

„Ja, Kind." Und sie führte Jungchrist in die Rüstkammer. „Zwischen diesem Schloß und der himmlischen Stadt sind die Feinde des Königs oft sehr lästig, so daß auch die jungen Pilger Waffen tragen müssen."

Jungchrist errötete vor Vergnügen, als er merkte, daß er tatsächlich eine eigene Rüstung erhalten sollte. Auch Feinfühlig und ihre Töchter schienen sich darüber zu freuen. Während sie ihm einen passenden Helm aussuchten, schärfte Feinfühlig ihm ein:

„Vergiß nicht, für diese Rüstung zu sorgen, Jungchrist! Sieh zu, daß sie immer fleckenlos und glänzend bleibt!"

Dann überreichte Gottesfurcht ihm einen Schild, der gerade groß genug war, um ihn zu decken. Klugheit band ihm ein Schwert an die Seite, und Bruderliebe streifte ihm die Stiefel über. Als er vollständig gewappnet war, sprach Feinfühlig:

„Möge der Segen des Königs dich begleiten, mein Junge! Fahre fort, jeden Tag deines Lebens sein treuer Knecht und Streiter zu sein!"

Jungchrist war so glücklich, daß er keine Worte fand. Feinfühlig verstand auch ohne Worte, daß sein Herz von Liebe und Dankbarkeit überfloß.

„Danke dem König", sagte sie. „Er ist es, von dem all diese Gaben kommen."

19. Kapitel

Ein Feind

Wachsam stand vor seinem Pförtnerhäuschen, als Jungchrist aus dem Schloß trat, und teilte ihm mit, daß vor kurzem ein anderer junger Pilger vorbeigegangen sei.

„Ich habe ihn nach seinem Namen gefragt, und er sagte, er heiße Getreu."

„Getreu!" rief Jungchrist. „Den kenne ich gut. Er hat ganz in meiner Nähe gewohnt. Wann ist er hier gewesen? Glauben Sie, daß ich ihn einholen kann?"

„Er wird jetzt ungefähr am Fuß des Hügels sein. Es ist kaum eine halbe Stunde her, seitdem ich ihn gesehen habe."

Voller Freude über die Aussicht, einen Reisegefährten zu bekommen, nahm Jungchrist sich vor, sich sehr zu beeilen, um Getreu bald einzuholen. Zuvor mußte er sich aber von seinen freundlichen Gastgeberinnen verabschieden, die ihn bis ans Portal begleitet hatten.

„Es ist heute so schön! Wollen wir nicht Jungchrist den Hügel hinunter begleiten?" schlug Feinfühlig vor.

„O ja, gerne!" rief Bruderliebe. „Vielleicht lernen wir dann auch Getreu kennen. Warum ist er wohl nicht zu uns hereingekommen?"

„Wahrscheinlich, um Zeit zu gewinnen", meinte Feinfühlig.

Erinnert ihr euch, daß Schloß Prachtvoll auf der Höhe des Berges der Schwierigkeiten stand? Nun, das Tal, das sich am Fuß dieses Bergrückens dahinzog, hieß das Tal der Demütigung, und der Pfad, der vom Schloßtor hinunterführte, war außerordentlich steil. Jungchrist rutschte oft aus.

„Bei diesem Berg ist das Heraufklettern schwierig und das Hinuntergehen gefährlich", fand er.

„Ja, tatsächlich", bestätigte Klugheit. „Manche Leute kommen hier schlimm zu Fall."

Bald jedoch waren sie im Talgrund angelangt, und Feinfühlig überreichte Jungchrist die Wegzehrung, die sie ihm gerichtet hatte.

„Leb wohl", sagte sie. „Es war uns eine große Freude, dich zu beherbergen. Ich werde nicht vergessen, deinem Vater, falls er bei uns vorbeikommt, deine Botschaft auszurichten."

Es fiel Jungchrist nicht leicht, sich von Feinfühlig und ihren Töchtern zu trennen, und nach ihrem Weggang kam er sich recht einsam vor.

Im Tal war es still und kühl, und Jungchrist schritt tüchtig aus, hoffte er doch, Getreu bald einzuholen. Aber an seiner Statt erblickte er plötzlich einen Mann, der ihm entgegenkam. Er sah groß und stark aus, und sein Gesichtsausdruck war nichts weniger als angenehm. Als er näher kam, erkannte ihn Jungchrist, weil er ihm früher schon einmal begegnet war; es war ein Heerführer des bösen Fürsten, Oberst ,,Das dicke Ich" in Person.

,,Er ist ein Feind des Königs", überlegte Jungchrist. ,,Er wird mir bestimmt etwas antun. Was soll ich wohl machen?"

Glücklicherweise fiel ihm rechtzeitig seine Rüstung ein. Er beschloß daher, im Vertrauen auf den König vorwärtszugehen. Vielleicht würde das dicke Ich vorübergehen, ohne auf ihn zu achten. Jungchrist schritt mutig weiter, und bald traf er mit dem dicken Ich zusammen.

,,Woher kommst du?" fragte der Oberst und blieb prüfenden Blicks vor Jungchrist und seiner funkelnagelneuen Rüstung stehen.

,,Ich komme von Verderben."

,,Und wohin gehst du?"

,,Zur Stadt des Königs."

,,Du hast wohl vergessen, daß Verderben mir gehört?"

,,Ich weiß wohl, daß Verderben Ihnen und Ihrem Fürsten gehört", erwiderte Jungchrist tapfer. ,,Aber der König hat mich lieber als Sie, und ich ziehe es vor, bei ihm zu wohnen."

Das dicke Ich verzog seinen Mund zu einem hämischen Lächeln.

,,Hör mal, tu nicht so dumm! Ich kann sehr nett sein zu den Leuten, die mir gefallen. Wenn du mit mir zurückkehrst und mir versprichst, nie mehr fortzulaufen, will ich dir nicht zürnen. Du darfst in meinem Haus wohnen und einer meiner Diener sein."

,,Ich bin ein Diener des Königs", entgegnete Jungchrist. ,,Spielt keine Rolle! Seine Diener lassen ihn oft im Stich. Überhaupt: du hast ohnehin mir gehört, als du noch zu Hause warst! Du solltest dich glücklich schätzen, daß ich bereit bin, dir zu vergeben und dich wieder in meine Dienste aufzunehmen."

Armer Jungchrist! Er fühlte, wie sein Mut ihn verließ. Trotzdem blieb er standhaft.

„Ich liebe den König und ziehe es vor, ihm zu dienen. Bitte, lassen Sie mich vorbeigehen."

Aber das dicke Ich war entschlossen, Jungchrist zur Umkehr zu zwingen, und fuhr fort:

„Laß dir Zeit, entscheide dich nicht voreilig! Denk an die tausenderlei Schwierigkeiten und Hindernisse, denen du begegnen wirst. Unsere Soldaten sind überall, und wenn sie dich erblicken, suchen sie dir wehzutun, und ich glaube kaum, daß der König es der Mühe wert findet, einem Jungen wie dir zu Hilfe zu kommen. Besinne dich nur, wie schlecht du ihm seit dem Beginn deiner Reise gedient hast! Du bist so unachtsam gewesen, daß du in den Sumpf gefallen bist; du hast auf die täuschenden Worte Weltklugs gehört und den geraden Weg verlassen; du bist in der Laube eingeschlafen und hast deine Rolle verloren; und schließlich hast du dich so sehr vor den Löwen gefürchtet, daß du beinahe umgekehrt wärst. Aber trotz alledem hätte man meinen können, wenn man dich auf Schloß Prachtvoll hörte, daß du einer der treusten Jünger deines Königs wärest! Wahrhaftig, ich kann mir nicht vorstellen, wie du hoffen darfst, daß der König irgend etwas für dich tut!"

Jungchrist wußte, daß all das restlos stimmte. Er begriff nur nicht, wie das dicke Ich davon wissen konnte.

„Es ist mir aber sehr leid gewesen", wandte er ein, „und der König wird mir vergeben. Er weiß, daß ich noch jung bin."

Nun vermochte das dicke Ich seinen Zorn nicht länger zurückzuhalten. Bisher hatte der Oberst ruhig gesprochen, da er hoffte, Jungchrist werde sich überreden lassen, dem König abzusagen. Als er aber merkte, daß seine Worte nichts ausrichteten, wurde er rasend.

„Ich hasse deinen König", schrie er, „und sein Volk und alles, was ihm gehört! Du bist *mein* Knecht! Du wirst niemals zur himmlischen Stadt kommen, denn ich werde dich auf der Stelle umbringen!"

20. Kapitel

Der erste Kampf

Jungchrist hatte kaum Zeit, seinen Schild zu heben, als bereits die ersten Pfeile angesaust kamen.

„Ich werde umkommen", dachte er.

Aber die Geschichte von David und dem Riesen, die er auf Schloß Prachtvoll gehört hatte, fuhr ihm plötzlich durch den Sinn. „David hatte bloß ein Hirtenkleid", sagte er sich, „ich aber habe diese gute Rüstung vom König erhalten. Darum will ich ihm vertrauen und versuchen, mich nicht zu fürchten."

Er faßte den Schild fester und konnte damit die meisten Pfeile des dicken Ichs abwehren. Doch nicht alle. An den Händen und Füßen wurde er einigemale getroffen. Die Wunden bluteten und schmerzten ihn so sehr, daß er bald einer Ohnmacht nahe war. Das dicke Ich bemerkte es wohl und warf sich plötzlich auf ihn in der Hoffnung, ihn endlich töten zu können. Jungchrist stürzte zu Boden, und dabei entglitt ihm sein Schwert. Da wußte er, daß er schutzlos seinem Feind ausgeliefert war.

Doch nein, der König wachte über seinem mannhaften Pilger.

Als das dicke Ich eben zum entscheidenden Schlag ausholen wollte, bemerkte Jungchrist, daß sein Schwert in seiner Reichweite lag. Im Nu hatte er es ergriffen, und bevor der Feind es verhindern konnte, stieß Jungchrist ihm das Schwert in den Leib und brachte ihm eine furchtbare Wunde bei.

Die Anhänger des bösen Fürsten aber waren unfähig, eine Wunde zu ertragen, die ein Schwert des Königs ihnen zugefügt hatte. Das dicke Ich stieß einen Schreckensschrei aus, und Jungchrist faßte neuen Mut. Kräftig schlug er ein zweites Mal auf seinen Feind ein.

Das genügte. Schwerverletzt floh das dicke Ich das Tal hinunter und ließ Jungchrist allein am Boden liegen. Einige Augenblicke lang regte der Junge sich nicht. Dann richtete er sich langsam auf und blickte um sich: der Boden war mit den Pfeilen bedeckt, die das dicke Ich auf ihn abgeschossen hatte. Das dicke Ich selbst aber war spurlos verschwunden.

„Der König hat mir geholfen", dachte Jungchrist, und sein Herz jubelte über diese wunderbare Befreiung.

Doch er hatte manchen Schlag eingesteckt, und er fühlte sich so matt und krank, daß er gezwungen war, sich ins Gras zu setzen und an einen Felsblock zu lehnen. Zweifellos schlief er dabei ein, denn er hatte einen seltsamen Traum.

Ihm war, als käme seine Mutter das Tal heraufgewandert. Ihr Antlitz strahlte in sanfter Klarheit, und ein reiner Lichtschein, dem Glanz des Silbers gleich, umfloß sie. Sie war noch schöner als Feinfühlig, und aus ihren Augen sprach lauter Liebe und Erbarmen, als sie ihren tapferen Jungen erblickte. Jungchrist streckte ihr die Arme entgegen. Da kam sie zu ihm, kniete sich neben ihm ins Gras und umschlang ihn. Dann verband sie ihm die Wunden, und Jungchrist ließ es geschehen und wunderte sich, ob sie ein Engel wäre. Sie sprach ihn nicht an, aber auf einmal berührten ihre Lippen seine Stirn.

„Mutter, Mutter!" rief Jungchrist und öffnete die Augen. Aber seine Mutter war nicht da. Er lag immer noch an den Felsen gelehnt und war ganz allein. Da richtete er sich auf, um seine Wunden zu betrachten. Sie bluteten nicht mehr und taten nicht einmal weh.

„Ich muß geträumt haben", seufzte er. „Und doch, meine Wunden sind geheilt!"

Dann erinnerte er sich an die Wegzehrung, die Feinfühlig ihm mitgegeben hatte, und aß davon, um wieder zu Kräften zu kommen.

„Jetzt muß ich mich aber beeilen", sagte er sich, „denn ich habe viel Zeit verloren. Wenn ich nur wüßte, ob das dicke Ich endgültig weggegangen ist oder ob der Oberst mich verfolgen wird. Übrigens hat er ja gesagt, seine Soldaten seien überall. Da muß ich wohl auf der Hut sein."

Mit festem Griff faßte er sein Schwert und schritt wachsamen Auges vorwärts.

21. Kapitel

Das finstere Tal

Der Tag ging zur Neige, als Jungchrist am Ausgang des Tales der Demütigung anlangte. Sein Feind „Das dicke Ich" hatte sich nicht mehr blicken lassen, und Jungchrist hoffte, er dürfte nun bald sein Schwert in die Scheide stekken. Doch da kamen ihm plötzlich zwei Jungen im Laufschritt entgegen. Sie sahen ebenso bleich und verstört aus wie Furchtsam und Mißtrauisch am Berg der Schwierigkeiten. Jungchrist hielt sie an und fragte:

„Wohin so eilig?"

„Wir fliehen, wir fliehen!" riefen die beiden. „Und wenn du nicht sterben willst, so komm mit uns!"

„Aber warum denn? Was gibt's?"

„Was es gibt? Ha! Wir wanderten wie du zur himmlischen Stadt. Aber jetzt getrauen wir uns keinen Schritt weiter. Sei froh, daß wir rechtzeitig fliehen konnten, um dich zu warnen. Komm jetzt, schnell, schnell!"

„Was habt ihr denn eigentlich?" fragte Jungchrist, der sich wunderte, worauf er sich diese Nacht noch gefaßt machen müßte. Er hatte keineswegs im Sinn, umzukehren; denn seit seinem Sieg über das dicke Ich war ihm sein König noch lieber als zuvor und sein Vertrauen zu ihm noch stärker. Aber er wollte wissen, was die Jungen gesehen hatten; so konnte er auf der Hut und bereit sein, sich zu verteidigen.

,,Dort, gerade vor uns, liegt ein finsteres Tal. Wie gut, daß wir es beizeiten bemerkt haben und noch davonlaufen konnten!"

,,Wie sieht es aus?"

,,Fürchterlich! Nie haben wir etwas so Grauenhaftes gesehen. Lauter Schatten und Dunkelheit und darin ein Schreien und Stöhnen wie von Leuten in Qual. Wahrscheinlich sind es Pilger, die sich verirrt haben."

,,Und der königliche Weg führt mitten hindurch?"

,,Ja."

,,Dann seh' ich nicht, wie wir das Tal umgehen können."

,,Du kannst ja hineinlaufen, wenn du willst", erwiderten die Jungen. ,,Ob wir überhaupt noch zur himmlischen Stadt kommen, wissen wir nicht. Jedenfalls nicht auf diesem Weg!"

Hastig entfernten sie sich, und Jungchrist, das Schwert in der Hand, setzte vorsichtig seinen Weg fort.

Das finstere Tal lag viel tiefer als das Tal der Demütigung. Es glich einem Engpaß, und als Jungchrist hineinging, hatte er das Gefühl, von den Felswänden eingeschlossen zu sein. Die Dämmerung brach herein, und der schmale Durchgang füllte sich mit dichtem Nebel, so daß Jungchrist kaum seine eigene Hand zu erkennen vermochte, wenn er sie tastend ausstreckte. Immer wieder flackerte Licht auf – Jungchrist wußte nicht, waren das Flammen oder zuckende Blitze. Schauerliche Töne erfüllten die Luft und ließen ihm das Herz vor Furcht schneller schlagen. Im Schein der Flammen konnte er erkennen, daß der Pfad äußerst gefährlich war: zur Rechten eine steile Wand, zur Linken ein schlammiger Graben. Mit Mühe nur konnte er sich in der Mitte des Pfades halten, ohne auszugleiten.

Dieses finstere Wegstück war vielleicht der schlimmste Teil von Jungchrists Pilgerreise. Obschon er sich anstrengte, an den König und seine Güte zu denken, konnte er es nicht hindern, daß die Angst ihn quälte. An einer gewissen Stelle, wo Knechte des bösen Fürsten auf der Lauer lagen, um die Reisenden zu plagen, kam jemand von hinten an ihn heran und flüsterte ihm ein häßliches Wort ums andere ins Ohr. Jungchrist konnte den Mann nicht sehen. Aber er war so verwirrt, daß er sich schließlich fast einbildete, er habe diese Dinge selbst gesagt und damit seinen König betrübt.

Es ging auf Mitternacht zu. Jungchrist kam in der Dunkelheit nur langsam vorwärts. Da hörte er Schritte in der Ferne. Gellende Schreie ausstoßend, kam eine Schar Leute daher, und Jungchrist spürte, daß es Untertanen des bösen Fürsten sein mußten.

„Sie werden mir etwas antun, vielleicht bringen sie mich um!" dachte er entsetzt.

Er zitterte vor Angst. Sollte er fliehen? Doch nein, er hatte schon ein großes Stück des finsteren Weges hinter sich gebracht und sagte sich: „Vielleicht bin ich dem Ausgang näher als dem Eingang; ist es nicht gefährlicher, umzukehren als weiterzugehen?"

Also schritt er vorwärts, und bald merkte er zu seiner großen Erleichterung, daß die feindliche Horde anderswohin gegangen war. Er traf nicht mit ihr zusammen.

Und nun wurde ihm in seiner Einsamkeit eine große Freude zuteil: von weitem vernahm er die Stimme eines Pilgers, der laut einige der wunderbaren Worte aus dem Buch des Königs vor sich hersagte! Es war zu dunkel, als daß er hätte sehen können, wer so sprach. Aber er hoffte, es möchte Getreu sein. Er rief seinen Namen. Getreu hörte es, antwortete aber nicht, denn er konnte nicht wissen, wer ihn aufhalten wollte.

Doch Jungchrist hatte von nun an weniger Angst; er fühlte sich nicht länger allein.

22. Kapitel

Jungchrist holt Getreu ein

Jungchrist gönnte sich in dieser Nacht keine Ruhe. Er getraute sich nicht, sich niederzulegen und zu schlafen, hörte er doch immer wieder feindliche Soldaten zwischen den Felsblöcken herumklettern. Wenn sie ihn fanden, würden sie ihn bestimmt töten oder nach Verderben zurückschleppen.

Trotz der Müdigkeit, die ihn zu übermannen drohte, schritt er tapfer durch Nebel und Finsternis und betete im stillen, daß der König ihm beistehen möge. Die Worte, die er einmal im Buch des Königs gelesen hatte, kamen ihm in den Sinn: „Er hat seinen Engeln befohlen über dir, daß sie dich behüten auf allen deinen Wegen."

Er erinnerte sich auch an das Bild, das Bruderliebe besonders gern hatte, das Bild vom Schutzengel, und er sagte sich:

„Jenes Kind ging auf einem Pfad wie diesem, und der Engel des Königs behütete es. Vielleicht ist jetzt auch ein Engel bei mir!"

Jungchrist hatte recht. Die ganze lange Nacht hindurch hatte ein Engel ihn begleitet. Der junge Pilger konnte ihn nicht sehen, doch der Engel war da. Er hielt schützende Hände über ihn, und seine Arme waren bereit, ihn aufzufangen, falls er ausgleiten sollte.

Endlich begann der Nebel sich zu lichten und einem fahlen Schein zu weichen. Jungchrist hob die Augen. Zwischen den Felsen war ein Eckchen Himmel sichtbar: der Morgen dämmerte! Und allmählich drangen wärmende Sonnenstrahlen bis in das finstere Tal. Jetzt erst hielt Jungchrist an, um die letzte Wegstrecke zu überblicken. Die schwarzen Felsen, der schmale, glitschige Pfad, der morastige Graben, all das kam ihm noch schauriger vor als während der Nacht. Er wunderte sich, wie es ihm möglich gewesen war, ohne Schaden durch so viele Gefahren hindurchzukommen.

Dann schaute er vorwärts und empfand es immer dankbarer, daß es Tag geworden war. Denn der weitere Weg war voller Fallen und Netze, die die Soldaten gelegt hatten, um die Pilger am Vorwärtskommen zu hindern und sie zu Fall zu bringen. Zudem hatten sie an den gefährlichen Stellen tiefe Löcher gegraben.

,,Wenn ich nachts hier vorbeigekommen wäre", überlegte Jungchrist, ,,wäre ich bestimmt verunglückt und hätte ein Glied gebrochen."

Am Ende des finsteren Tales öffnete sich eine Art Grotte im Berg. Hier hatten früher zwei gewaltige Riesen gehaust. Wenn die Pilger an ihrer Behausung vorbeigekommen waren, hatten die Riesen sie angegriffen und sie zu töten versucht. Das war eine der gefährlichsten Stellen auf der ganzen Strecke gewesen. Aber der eine Riese war gestorben, und der andere war so alt und hinfällig geworden, daß er sich nicht mehr unversehens auf die Reisenden stürzen konnte.

Als Jungchrist sich der Höhle näherte, sah er den greisen Riesen am Eingang sitzen. Im Augenblick schrak er zusammen; da der Mann sich aber nicht rührte, schritt Jungchrist unbeirrt voran. Sobald der Riese den Jungen bemerkte, geriet er in heftigen Zorn. Er hätte ihn packen und zerreißen mögen! Aber er hatte keine Kraft mehr, und Jungchrist ging vorüber.

Nun lag das finstere Tal mit seinen tausend Schrecknissen hinter ihm …

Vor ihm stieg der Weg an, und Jungchrist wanderte leichtfüßig dahin. Sein Blick umfaßte eine freie, weite Gegend, und ganz in der Nähe ging ein Junge in der Richtung der himmlischen Stadt. Er trug weiße Kleider wie Jungchrist, aber keine Rüstung.

,,Das ist Getreu", dachte Jungchrist erfreut und rief: ,,Warte auf mich! Wir wollen zusammen gehen."

Getreu schaute zurück, und Jungchrist rief noch lauter: ,,Warte auf mich!"

Aber Getreu erwiderte:

,,Ich darf nicht anhalten. Ich gehe zum König, und hinter mir sind Feinde."

Jungchrist fühlte sich gekränkt, daß Getreu nicht auf ihn warten wollte. Darum begann er mit aller Kraft zu laufen, überholte den Freund und rannte an ihm vorbei. Mochte er nun das Nachsehen haben! Aber Jungchrist achtete nicht auf den Weg; er stieß gegen einen Stein und fiel zu Boden. Getreu eilte herbei und half ihm wieder auf die Beine.

23. Kapitel

Getreu erzählt seine Erlebnisse

Die beiden Burschen waren herzlich froh, sich wiederzusehen, denn früher waren sie gute Kameraden gewesen. Getreu war ein ruhiger, zuverlässiger Junge. Jungchrist und er hatten sich oft über die schönen Geschichten unterhalten, die die Fremden ihnen erzählten oder die sie selbst im Buch des Königs gelesen hatten.

„Famos, daß ich dich eingeholt habe!" sagte Jungchrist. „Es wird viel schöner sein, zu zweit zu reisen."

„Ich wollte von Anfang an mit dir gehen", erklärte Getreu. „Aber dann bist du so plötzlich aufgebrochen, daß ich es erst gewußt habe, als du schon einen großen Vorsprung hattest."

„Bist du noch lange nach mir in Verderben geblieben?" „Bloß zwei oder drei Tage. Die Kameraden haben viel über die Botschaften des Königs geredet, aber ich glaube, sie haben sie trotzdem nicht ernst genommen."

„Und was haben sie zu Fügsam gesagt?"

„Sie haben bald gemerkt, wo er gewesen war – er ist ja so schmutzig heimgekommen! Sie haben ihn tüchtig ausgelacht und nichts mehr mit ihm zu tun haben wollen."

„Sie brauchten ihn gar nicht auszulachen! Sie wollten ja auch nicht kommen!"

„Das stimmt, aber sie haben sich über ihn lustig gemacht, weil er vor der ersten kleinen Schwierigkeit zurückgeschreckt war. Ich hab ihn am nächsten Tag gesehen und wollte ihn nach dir fragen, aber da ging er auf die andere Seite der Straße und tat, als bemerke er mich nicht."

,,Schade, daß er umgekehrt ist! Ich hatte geglaubt, er würde ein richtiger Pilger werden. Jetzt erzähl mir aber deine Erlebnisse!"

,,Ich bin nicht in den Sumpf gefallen. Aber kurz bevor ich zur engen Pforte kam, habe ich ein Mädchen getroffen, das im Palast des bösen Fürsten arbeitet. Sie hieß Vergnügen. Als sie sah, wohin ich gehen wollte, hat sie versucht, mich von meinem Ziel abzubringen. Sie war groß und schön, und ich habe Angst gehabt, sie könnte mich mitreißen. Weil ich aber nicht auf sie hören wollte, ist sie schließlich weggegangen. Sie hat behauptet, ich sei ein dummer Kerl und es lohne sich nicht, daß sie mit mir spreche."

Jungchrist dachte daran, wie er Weltklug Gehör geschenkt und wie jener ihn getäuscht hatte.

,,Wie gut, daß du diesem Mädchen nicht gefolgt bist! Hast du noch andere Leute angetroffen?"

,,Nicht sogleich. Aber als ich an den Berg der Schwierigkeiten kam, saß ein Greis am Wegrand. Er erkundigte sich, ob ich zur himmlischen Stadt pilgere, und versicherte mir, es wäre gescheiter, bei ihm zu bleiben, er wolle mir lauter Liebe erweisen und mir all sein Geld zurücklassen, wenn er sterbe. Er schien so liebenswürdig, daß ich mich beinahe entschlossen hätte, seine Einladung anzunehmen."

,,Ach", rief Jungchrist, ,,er hätte dich bestimmt zum bösen Fürsten geschleppt!"

,,Freilich. Es kam dann so: Im Augenblick, wo ich sein Angebot annehmen wollte, habe ich bemerkt, wie er ein spöttisches Lächeln unterdrückte, und da hat mich der Gedanke durchzuckt, daß er im Dienst des bösen Fürsten stehen könnte. Da habe ich gesagt: ,Nein, ich bleibe nicht.' Sofort ist er wütend geworden und hat mir gedroht, er werde mich verfolgen lassen. Aber ich bin davongelaufen und schleunigst den Berg hinaufgeklettert."

„Und dann?"

„Nun, als ich in die Laube trat, hörte ich Schritte hinter mir. Gerechtigkeit, ein Diener des Königs, hatte mich eingeholt. Er sagte, er sei gesandt, um mich zu bestrafen, weil ich auf den Greis gehört hätte. Er schlug mich, und ich glaubte schon, er würde mich mit seiner Rute umbringen. Da stand auf einmal ein Mann vor uns und befahl ihm, mit Schlagen aufzuhören. Erst wußte ich nicht, wer das sein könnte. Aber als er wegging, bemerkte ich Nägelmale in seinen Füßen. Ich bin überzeugt, es war der Sohn unseres Königs."

„Ich habe schon von Gerechtigkeit gehört", sagte Jungchrist. „Der König erlaubt ihm nie, die Pilger allzu hart zu bestrafen. Hast du das Schloß auf dem Berg gesehen?"

„Ja, und die Löwen auch. Sie schliefen, als ich vorbeiging, und weil es frühmorgens war, fand ich, es sei besser, mich nicht aufzuhalten."

„Der Pförtner hat mir gesagt, daß er dich gesehen habe. Es ist aber schade, daß du nicht ins Schloß gekommen bist. Jedermann ist dort so lieb und gut. Bist du im Tal irgend jemandem begegnet?"

„Ja, einem unerhört langweiligen Geschöpf. Unzufrieden war sein Name."

„Das dicke Ich hast du nicht gesehen?"

„Nein."

„Aber ich bin ihm begegnet", sagte Jungchrist langsam. „Es hätte mich um ein Haar umgebracht."

24. Kapitel

Schwatzhaft

Unter vergnügtem Geplauder zogen die beiden weiter.

An einer Stelle, wo der Weg des Königs sich verbreiterte, holten sie einen Jungen ein, der auf der anderen Straßenseite ging. Getreu dachte, das könnte ein netter Reisegefährte werden, und sprach ihn an:

,,Gehst du zur himmlischen Stadt?"

,,Ja, natürlich."

,,So komm, wir können zusammen gehen! Wir haben ja das gleiche Ziel."

,,Sehr gern." Und damit überquerte der Unbekannte die Straße und begann, im Gehen mit Getreu zu plaudern. Er sprach so fließend vom König, seinen Dienern, seinen Gesetzen, daß Getreu ganz entzückt war. Wie schön, daß er einen neuen Freund gefunden hatte, der so gescheit war und so viel wußte!

Nach einer Weile hielt er an, um auf Jungchrist zu warten, der etwas zurückgeblieben war. Als dieser ihn eingeholt hatte, flüsterte Getreu ihm ins Ohr:

,,Das ist ein netter Junge, meinst du nicht auch? Er ist gewiß ein guter Pilger."

Jungchrist lächelte.

,,Du hast also nicht bemerkt, wer es ist?"

,,Nein, ich habe ihn bis heute nie gesehen."

,,Wirklich? Er wohnt doch in Verderben! Er heißt Schwatzhaft und tut oft so, als ob er ein Pilger wäre, aber nur zum Zeitvertreib. Ich wußte nicht, daß er manchmal so weit kommt."

,,Dann wäre er also kein rechter Pilger?"

,,Ich fürchte, er liebt den König nicht. Aber das wirst du bald selbst herausfinden."

Getreu beeilte sich und war bald wieder an Schwatzhafts Seite.

,,Wer weiß?" dachte er, ,,vielleicht ist Schwatzhaft doch kein solcher Heuchler, wie Jungchrist meint. Fein wär's, wenn wir ihn dazu bringen könnten, mit uns bis zur himmlischen Stadt zu kommen!"

Je länger er sich aber das Geschwätz seines Begleiters anhörte, desto mehr mußte er einsehen, daß sie niemals Freunde werden könnten. Schwatzhaft war eingebildet und unvernünftig. Er redete ohne Unterbrechung über den König und behauptete, es sei wunderschön, ihm zu dienen. Aber Getreu erkannte, daß er kein wirkliches Verlangen hatte, in die himmlische Stadt einzugehen, und daß er bloß zu seinem eigenen Vergnügen so fromm tat.

Eine Weile hörte er ihm schweigend zu. Dann, als Schwatzhaft eben mit beredten Worten die Güte des Königs rühmte, unterbrach er seinen Redestrom mit der Frage:

„Du gibst dir natürlich alle Mühe, dem König zu gehorchen, nicht wahr?"

Schwatzhaft errötete, denn er wußte: genau das Gegenteil traf zu; er tat immer nur, was ihm selbst gefiel. Doch war er jederzeit bereit, seine Freunde auf die Gebote des Königs aufmerksam zu machen.

Getreus Frage kränkte ihn, und in überlegenem Tone gab er zurück:

„Das geht dich nichts an."

„Das ist aber ungeheuer wichtig", erwiderte Getreu. „Wenn du mir so viel von deiner Liebe zum König zu berichten weißt, solltest du ihm auch von ganzem Herzen dienen."

„Und wer behauptet, daß ich ihm nicht diene?" warf Schwatzhaft ein.

„Ich fürchte, daß es so ist", sagte Getreu traurig.

„Das ist zuviel!" rief Schwatzhaft, der immer ärgerlicher wurde. „Was hat so ein Kerl wie du sich in meine Privatsachen zu mischen und mir Noten zu erteilen? Ich bin viel älter als du!"

„Ich will dich nicht beurteilen; ich frage mich nur, ob du ein wahrer Pilger bist."

„Und ob! Ich seh schon, was das zu bedeuten hat! Jungchrist hat dir wohl eine Menge nette Sachen über mich gesagt, und du glaubst natürlich alles, was er dir heruntergeleiert hat."

Getreu gab keine Antwort, denn er sah, daß Schwatzhaft außer sich war.

,,Im Grund ist es mir ja egal'', fing Schwatzhaft wieder an. ,,Du kannst schließlich von mir glauben, was du willst. Jedenfalls bist du ein frecher, unausstehlicher Bursche, mit dem ich kein Wort mehr reden werde. Warte du ruhig auf deinen Freund, und laß mich machen, was ich will!''

Er war so wütend, daß Getreu sich gern fügte und zurückblieb, um auf Jungchrist zu warten.

,,Nimm's nicht zu Herzen'', tröstete ihn dieser. ,,Ich versichere dir, es ist besser, daß Schwatzhaft weggegangen ist; er hätte uns nur geschadet.''

25. Kapitel

Neue Begegnung mit dem Evangelisten

Bald nach ihrer Trennung von Schwatzhaft befanden sich unsre beiden Pilger auf einer großen, öden Ebene. Kein Baum, keine Blume weit und breit! Kurze, dürre Grasbüschel waren das einzige Gewächs. Die königliche Straße lief mitten durch die ganze Ebene. Wie froh war Jungchrist, daß er für diese endlose, eintönige Straße Getreu zum Gefährten hatte.

Am späten Nachmittag stellten die müden Jungen mit großer Freude fest, daß es nicht mehr weit war bis zu einer grünen, blühenden Landschaft.

,,Ich hoffe nur'', sagte Jungchrist, ,,daß wir bald zu einem Haus unseres Königs kommen, wo wir bis morgen ausruhen dürfen.''

Beim Weitergehen meinte Getreu, Schritte hinter sich zu hören. Er schaute zurück. Kam da nicht ein guter Bekannter daher? Er schaute schärfer hin und rief aus:

,,Jungchrist, Jungchrist, errate, wer auf uns zukommt!''

Nun drehte auch Jungchrist den Kopf, und gleich darauf tat er einen Freudensprung und rief:

„Das ist der Evangelist!"

Wie froh waren sie, ihren lieben, treuen Freund wiederzusehen! Sie hatten ihm viel zu erzählen, und der Evangelist mußte lachen ob dem Eifer, mit dem sie ihm ihre Erlebnisse schilderten.

„Wie gütig ist der König zu euch gewesen, Kinder!" sprach er. „Ihr habt Feinde angetroffen und schwierige Augenblicke erlebt, aber immer hat er euch geholfen. Und er wird euch weiter helfen, wenn ihr Vertrauen zu ihm habt."

„Ja, ich weiß, daß er uns hilft", sagte Jungchrist mit Überzeugung.

Getreu begnügte sich damit, die Hand des Evangelisten zu drücken. Er war schüchtern und sprach sich nicht leicht aus. Aber der Evangelist wußte, daß er den König von ganzem Herzen liebte und daß er, falls die Soldaten des bösen Fürsten ihn angriffen, sich ebenso tapfer verteidigen würde wie Jungchrist.

„Würden Sie so gut sein und uns den weiteren Weg etwas beschreiben?" bat Jungchrist. „Wird er von nun an leichter sein, oder hat es noch mehr solch schreckliche Orte?"

Der Evangelist wurde sehr ernst.

„Eben deshalb bin ich zu euch gekommen", antwortete er. „Ihr werdet nämlich bald in einer großartigen Stadt ankommen, die dem bösen Fürsten gehört. Sie ist voll prächtiger Dinge, und manche Pilger können der Versuchung nicht widerstehen, sich dort aufzuhalten. Laßt euch ja nicht verleiten, diesen Fehler zu begehen! Ich habe euch gewarnt."

„Warum müssen wir denn durch die Stadt gehen?" fragte Getreu.

„Weil sie zu beiden Seiten der königlichen Straße gebaut ist. Um zur königlichen Stadt zu gelangen, müßt ihr unbedingt dort hindurch."

„Wie sollen wir uns denn verhalten?"

,,Geht einfach ganz ruhig die Straße entlang. Haltet nicht an, um die schönen Verkaufsläden und Buden zu betrachten, und unterhaltet euch nicht mit andern jungen Leuten. Manchmal kümmern sich die Einwohner nicht um die Vorübergehenden. Ein anderes Mal jedoch gehen sie sehr grausam mit ihnen um."

,,Glauben Sie, daß sie uns töten werden?" fragte Jungchrist.

,,Es ist möglich, daß sie euch ins Gefängnis werfen. Sie sind tatsächlich oft so weit gegangen, daß sie die Pilger, die dem bösen Fürsten nicht dienen wollten, umgebracht haben. Doch fürchtet euch nicht. Wenn ihr dort sterben solltet, so wird der König seine Engel schicken, und sie werden euch geradewegs zur himmlischen Stadt tragen. So bleiben euch alle weiteren Gefahren und Leiden erspart."

Als die Sonne unterging, nahm der Evangelist Abschied von den beiden Jungen. Der Horizont war noch schwach erleuchtet, als in der Ferne die Befestigungsmauern der Stadt sichtbar wurden.

,,Hast du Angst?" murmelte Jungchrist.

,,Ein wenig", gestand Getreu. ,,Aber der König wird uns beschützen, und dann hast du ja auch deine Rüstung."

,,Ja. Aber es ist einfach schade, daß du nicht ins Schloß Prachtvoll gekommen bist! Dann hättest du auch eine."

,,Das macht nichts", sagte Getreu. ,,Ich bleibe an deiner Seite. Und wenn die Stadtbewohner mich töten, habe ich sowieso keine Feinde mehr, gegen die ich kämpfen muß."

Er legte seine Hand in Jungchrists Hand, und Jungchrist gab sich alle Mühe, furchtlos voranzugehen, indem er an den König dachte. Als die gewaltigen Flügel des Stadttors sich hinter ihnen schlossen, raunte er Getreu ins Ohr:

,,Ich wollte, ich könnte jetzt dem Evangelisten die Hand geben!"

Und Getreu antwortete:

„Vielleicht wäre er mit uns gekommen, wenn wir ihn darum gebeten hätten. Schade, daß wir nicht daran gedacht haben!"

26. Kapitel

Der Eitelkeitsmarkt

Wie ihr wißt, hegte der böse Fürst einen tödlichen Haß gegen den König der himmlischen Stadt und wurde wütend auf jeden, der sein Land verließ, um zum Land des Königs zu pilgern. Diese Stadt nun, die Eitelkeitsmarkt hieß, hatte der böse Fürst absichtlich an der Strecke erbauen lassen. Er wußte, wenn die Pilger hier ankamen, waren sie müde und matt, und er hoffte, sie unschwer dazu bewegen zu können, ihr Vorhaben aufzugeben.

Er hatte alles getan, um den Eitelkeitsmarkt prächtig und anziehend zu gestalten. Die Straßen waren breit, die Häuser vornehm, die Schaufenster verführerisch. Die Leute auf den Straßen trugen elegante Kleider und taten den ganzen Tag, was sie gelüstete. Der böse Fürst sorgte für Zerstreuungen und Vergnügungen am laufenden Band, so daß sie keine Zeit hatten, an den König zu denken. Und in der Tat, kaum hatten sie wenige Tage auf dem Eitelkeitsmarkt zugebracht, so vergaßen ihn die meisten Pilger völlig. Wenn neue Pilger ankamen, taten sie es fortan den Dienern des bösen Fürsten gleich: sie rieten den Reisenden davon ab, ihre Wanderung fortzusetzen.

Als die beiden Jungen in die Stadt kamen, war es bereits dunkel. Lautlos suchten sie Unterschlupf in einem geschützten Winkel an der Stadtmauer, wo sie bis zum nächsten Morgen blieben.

Bei Tagesanbruch machten sie sich auf den Weg. Sie hofften, das andere Ende der Stadt zu erreichen, ehe die Straßen sich belebten.

Aber Jungchrists glänzende Rüstung und Getreus weißes Gewand waren allzu verschieden von den Kleidern, die die Kinder auf dem Eitelkeitsmarkt trugen. Kaum hatten die beiden einige Schritte getan, da wurden auch schon ein paar Gassenbuben auf sie aufmerksam.

,,Hoho!" riefen sie. ,,Da gehen ja zwei Pilger! Kommt, wir laufen ihnen nach und halten sie fest."

Jungchrist und Getreu hörten wohl, daß man sie verfolgte, aber sie wandten sich nicht um.

,,Wir wollen tun, als merkten wir nichts", sagte Jungchrist. ,,Vielleicht reden sie uns bloß an."

Als die Buben sie aber eingeholt hatten, umringten sie die Pilger und wollten sie nicht weitergehen lassen.

,,Woher kommt ihr?" rief einer.

,,Wer hat euch diese Rüstung und diese weißen Kleider gegeben?" fragte ein zweiter.

,,Warum guckt ihr die Schaufenster nicht an?" wollte ein dritter wissen. ,,Leute wie ihr brauchen keine Schwerter und keine Schilder! Verkauft sie doch, und kauft euch etwas von den schönen Sachen, die hier ausgestellt sind!"

Sie redeten alle durcheinander. Jungchrist war ganz verwirrt und wußte nicht, was antworten. Aber Getreu wehrte sich tapfer:

,,Wir wollen nichts von diesen schönen Sachen wissen. Wir gehen zur himmlischen Stadt."

Da brachen die Buben in rohes Gelächter aus. Einer puffte Getreu so grob in die Seite, daß er gestürzt wäre, hätte Jungchrist ihn nicht bei der Hand gehalten.

Bald liefen weitere Kinder herzu, und selbst Erwachsene hielten an, um zu sehen, was es da gebe.

Ein Beamter des bösen Fürsten, der den funkelnden Helm Jungchrists bemerkt hatte, begriff, daß es sich hier um Pilger handeln müsse, bahnte sich einen Weg durch die Menge und packte die Jungen bei den Schultern.

,,Was macht ihr da?" fragte er barsch. ,,Unser Fürst gestattet nicht, daß Jugendliche sich auf öffentlichen Plätzen streiten."

,,Wir streiten uns nicht", wehrte sich Jungchrist. ,,Wir gingen nur ganz ruhig vorbei."

,,Dummes Zeug! Ihr seid schuld an diesem Menschenauflauf und all dieser Aufregung. Kommt mit mir!"

,,Wir sind Pilger des Königs", erklärte Getreu. ,,Wir wollen niemanden stören. Wir bitten nur um die Erlaubnis, durch die Stadt gehen zu können."

,,Ich weiß nicht, was das ist: Pilger des Königs", spottete der Mann. ,,Aber ich sehe, daß ihr zwei üble Kerle seid, die die öffentliche Ordnung gefährden. Ihr müßt vor dem Bürgermeister erscheinen."

Und damit schob er Getreu und Jungchrist vor sich her durch die Straßen. Laut lachend und höhnend folgten ihnen die Kinder des Eitelkeitsmarktes.

27. Kapitel

Die Pilger leiden für ihren König

Der Bürgermeister des Eitelkeitsmarktes war ein hochstehender Beamter des bösen Fürsten und haßte die Pilger beinahe ebensosehr wie sein Herr.

Als Jungchrist und Getreu vor ihn gebracht wurden, freute er sich, einen Vorwurf zu haben, um jemandem, den der König liebte, ein Leid anzutun. Er sprach:

,,Ihr seid zwei böse Jungen. Ich werde euch prügeln lassen. Sodann werdet ihr in einen eisernen Käfig gesperrt, damit unsere Kinder euch sehen und sich merken können, was sie erwartet, falls sie eurem Beispiel folgen sollten."

Die Angeklagten sahen sofort, daß es keinen Sinn hatte zu antworten. Jungchrist erschrak furchtbar, und Getreu erbleichte. Aber er flüsterte seinem Freund zu:

,,Der Evangelist hat uns ja gesagt, daß es uns vielleicht schlecht gehen werde! Denk daran: wenn wir sterben, kommen wir schnurstracks in die himmlische Stadt. Ich will an den König denken. Ganz bestimmt wird er uns helfen."

Da beschloß auch Jungchrist, tapfer zu sein. Das schöne Bild, das er beim Ausleger gesehen hatte, kam ihm in den Sinn: der gute Hirte, der sein Schäflein über den steinigen, rauhen Weg trägt. Und er sagte sich: „Unser Königssohn hat sich nicht vor dem Leiden gefürchtet, und weil ich sein Diener bin, will ich mich auch nicht fürchten. In meinem Buch steht ja, daß jeder, der zu ihm gehört, seinem Beispiel folgen muß."

Und Jungchrist führte sich wie ein tapferer Kriegsmann auf, obwohl ihm Rücken und Arme von den Schlägen des schweren Stocks sehr weh taten.

Der eiserne Kerker stand in der Mitte des Marktplatzes. Mit seinen dicken Stangen sah er wie ein Käfig für wilde Tiere aus. Nach der harten Züchtigung legte man den Jungen Fuß- und Handschellen an und schloß sie in dieses schreckliche Gefängnis ein.

Sie fühlten sich so wund und elend, daß sie nicht mehr aufrecht stehen konnten. Sie kauerten sich auf den Boden und suchten sich gegenseitig zu trösten, indem sie einander an die Verheißungen des Königs erinnerten.

„Wir haben es ja gewußt, daß man uns weh tun würde", sagte Getreu. „Wir leiden aus Liebe zum König, und er wird es nicht zulassen, daß man allzu grausam mit uns umgeht."

Sowie die Stadtleute hörten, daß zwei königliche Pilger im eisernen Käfig steckten, eilten sie herzu. Bald umringte eine Menge Buben und Mädchen, Männer und Frauen das Gitter und begaffte Jungchrist und Getreu. In grober, gemeiner Art machte die lachende, kreischende Menge sich über die beiden lustig.

Die Gassenbuben hängten ihnen allerlei häßliche Namen an in der Hoffnung, sie würden sich durch einen Zornesausbruch gegen ihren König versündigen. Aber Jungchrist und Getreu blieben ruhig und erwiderten kein Wort.

Schließlich wurde es einigen Kindern ob so viel Geduld und Sanftmut ungemütlich. Sie begannen sich zu schämen und sagten zu ihren Kameraden:

„Kommt, wir lassen sie in Ruhe! Man hat sie geschlagen, und sie haben nicht geschrien. Das heißt etwas. Wir wollen sie nicht mehr plagen."

Andern hingegen gefiel es sichtlich, die beiden leiden und zittern zu sehen. Den Mahnungen ihrer Kameraden zum Trotz fuhren sie fort, die Pilger zu verhöhnen und zu reizen. Dadurch entstand allmählich ein Streit, der den ganzen Marktplatz in Aufruhr versetzte. Die Burschen, die wollten, daß man Jungchrist und Getreu in Ruhe lasse, schlugen sich mit denen, die nicht aufhören wollten, sie zu plagen.

Der Bürgermeister war genötigt, mit Polizeigewalt einzugreifen. Er befahl, man solle die Gefangenen nochmals schlagen, denn sie seien für die Unruhe verantwortlich. Hierauf wurden die tapferen Pilger wieder in ihren Käfig eingeschlossen, wo sie eine traurige, schmerzensreiche Nacht zubrachten.

28. Kapitel

Das Ende von Getreus Pilgerreise

Am Morgen wurden Jungchrist und Getreu vor Gericht geführt. Der oberste Richter war ein alter, harter Mann, der wie der Bürgermeister den König und seine Pilger nicht ausstehen konnte. Mit Ketten an den Händen erschienen die beiden Jungen vor ihm. Er fragte sie, was sie getan hätten und woher sie kämen. Ein zweifelhafter Bursche namens Neid, der als einer der ersten den beiden nachgelaufen war und sie geplagt hatte, erhob sich von seiner Bank und beantwortete die Frage des Richters. Er habe die Angeklagten gekannt, als sie in Verderben wohnten; sie seien ungehorsam und streitsüchtig gewesen und hätten keinerlei Achtung vor dem Fürsten des Landes gehabt.

Hierauf meldeten sich zwei weitere Burschen zu Wort und versicherten, Neid habe die Wahrheit gesagt. Dann berichteten sie, Jungchrist und Getreu hätten sich über die prächtigen Dinge, mit denen der Fürst die Stadt angefüllt habe, lustig gemacht; sie hätten nichts in den Läden gekauft und behauptet, eine schönere Stadt als den Eitelkeitsmarkt zu kennen, dazu einen König, dessen Gesetze denen ihres Fürsten überlegen seien.

„Deshalb", sagten sie, „laßt sie ja nicht laufen! Sie würden den Jungen unserer Stadt ein schlechtes Beispiel geben."

Im Gerichtssaal saßen zwölf Geschworene. Ihre Aufgabe bestand darin, zuzuhören, was über die Angeklagten ausgesagt wurde, und dann den Richter zu beraten bei der Entscheidung, ob sie Strafe verdienten oder nicht. Selbstverständlich waren die Geschworenen lauter bezahlte Angestellte des bösen Fürsten und folglich nicht in der Lage, gegenüber Untertanen des Königs Gerechtigkeit und Güte walten zu lassen. Sie behaupteten jedoch, alle Angeklagten gerecht zu behandeln. Als Getreu jetzt ums Wort bat, erwiderte deshalb der Richter:

„Ihr solltet für eure Vergehen augenblicklich zum Tode verurteilt werden. Doch wir wollen hören, was ihr zu sagen habt."

Jungchrist war erstaunt ob dem Mut, den Getreu an den Tag legte. Er war blaß, schien aber nicht eingeschüchtert zu sein, obwohl Richter und Geschworene äußerst übelgesinnt dreinschauten. Jungchrist erfuhr später, daß der König ihm geholfen hatte, stark und mutig zu sein. Deshalb scheute er sich nicht, zu bezeugen, daß er den König liebhabe und ihm allein gehorchen wolle.

Als Getreu schwieg, wandte der Richter sich an die Geschworenen und sprach:

,,Was finden Sie? Sie haben das Zeugnis Neids und seiner Gefährten über diese Jungen gehört. Getreu hat es nicht widerlegt. Er weigerte sich, unserm Fürsten zu dienen. Nach unsern Gesetzen hat er zu sterben."

Die zwölf Männer erhoben sich und antworteten einstimmig: ,,Wir erachten diese Burschen als strafwürdige Lümmel. Aber Getreu ist der Schuldigere, denn er scheut sich nicht, gegen unsern Fürsten aufzutreten. Wir finden, daß er den Tod verdient hat. Jungchrist hingegen soll in den Kerker zurückgebracht werden."

Armer Jungchrist! Er war so bestürzt, daß er sich kaum Rechenschaft gab, was um ihn her vorging. Als die Soldaten des bösen Fürsten eintraten, Getreu ergriffen und ihn aus dem Gerichtssaal führten, fragte er sich, wo sie hingehen mochten.

Wenig später wurde er selbst auf den Marktplatz gestoßen. Dort sah er, wie sein Freund von grausamen Männern umgeben war, die mit ihren Waffen auf ihn einschlugen und ihn tödlich verwundeten.

,,Getreu, Getreu!" schrie Jungchrist auf.

Aber Getreu antwortete nicht. Er hob die Augen zum Himmel, und sein Antlitz erstrahlte in überirdischem Glanz wie das Antlitz von Jungchrists Mutter, als er sie im Traum gesehen hatte.

Da schaute auch Jungchrist hinauf, und in den Lüften, gerade über Getreus Haupt, schwebten Engel mit ausgebreiteten Flügeln. Nun wußte Jungchrist, daß diese Boten des Königs nur darauf warteten, die Seele des tapferen kleinen Pilgers in die himmlische Stadt zu tragen.

29. Kapitel

Jungchrist verläßt den Eitelkeitsmarkt

Jungchrist hatte nicht den geringsten Zweifel, daß die Engel Getreu in die Gegenwart des Königs bringen würden. Bei diesem Gedanken vergaß er für einen Augenblick, daß er selbst noch mitten auf dem Eitelkeitsmarkt und von Untertanen des bösen Fürsten umgeben war. Auf einmal stießen die Kinder der Stadt ein gewaltiges Freudengeheul aus, denn es war ihnen jedesmal eine Lust, einen Pilger bestraft zu sehen. Dieser Lärm ließ Jungchrist zusammenzucken. Er wandte sich, um noch einen letzten Blick auf seinen lieben Freund zu werfen.

Aber der König hatte Erbarmen mit ihm. Er ließ es nicht zu, daß Jungchrist wußte, wieviel Getreu zu leiden hatte. Ein wohltuender Nebel schien seine Sinne zu umfangen, während er nochmals ausrief:

„Getreu, Getreu!"

Dann hatte er ein merkwürdiges Empfinden. Ihm war, als käme seine Mutter durch die Volksmenge geschritten, nähme ihn in die Arme und trüge ihn auf einen freien, offenen Platz, wo es weder Soldaten noch schreiende, spottende Burschen gab.

Dort blieb er liegen, zu schwach, um zu sprechen oder sich zu regen. Als er schließlich die Augen aufschlug, lag er im Stadtgefängnis auf einem Bett, und eine Frauengestalt beugte sich über ihn. Sie war auffallend schön gekleidet wie alle Frauen auf dem Eitelkeitsmarkt. Ihr Gesicht hatte etwas Angenehmes, aber sie glich in nichts Jungchrists Mutter. Es war die Frau des Gefängniswärters. Der mit Jungchrists Obhut betreute Soldat hatte ihr den armen, ohnmächtigen Jungen gebracht. Und sie hatte sofort frisches Wasser geholt, um ihm Gesicht und Hände zu waschen, und hatte sich dann neben ihn gesetzt.

,,Armer Junge", sprach sie, als er die Augen aufschlug, ,,du bist zu jung, um ein Pilger zu sein. Bleibe bei mir, ich werde für dich sorgen."

,,Danke, Sie sind gütig", antwortete Jungchrist mit schwacher Stimme. ,,Aber ich kann nicht bleiben. Ich gehe zum König."

,,Ich war auch einmal unterwegs, um zum König zu gehen. Aber der Weg war mir zu mühsam. Ich bin hier geblieben und bin ganz glücklich."

,,Sie wären viel glücklicher beim König", sagte Jungchrist. ,,Getreu ist am Ziel. Ich habe die Engel gesehen, die auf ihn gewartet haben. Wenn man mich freiläßt, werde ich so schnell als möglich zur himmlischen Stadt gehen."

Sanft strich die Frau dem Jungen übers Haar.

,,Getreu ist tot", murmelte sie. ,,Aber dich wird man nicht töten."

,,Wäre ich doch auch gleich gestorben! Dann wäre ich schneller in die himmlische Stadt gekommen. Jetzt hält man mich vielleicht für immer zurück, oder dann muß ich ganz allein weitergehen."

,,Man wird dich nur noch wenige Tage im Gefängnis behalten", antwortete die Frau. ,,Aber ich bitte dich, bleib doch bei mir! Du wirst sehen, du hast es gut bei mir!"

Jungchrist schüttelte den Kopf:

,,Nein, ich kann nicht. Ich liebe den König, und ich gehe zu ihm."

Nach einigen Tagen kam tatsächlich der Gefangenenwärter und sagte Jungchrist, daß er Befehl erhalten habe, ihn freizulassen. Seine Frau war traurig, ihn weggehen zu sehen, und bat ihn, manchmal an sie zu denken.

,,Ich werde dem König erzählen, was Sie für mich getan haben", versprach Jungchrist. ,,Wenn Sie eines Tages doch noch in die himmlische Stadt kommen, werde ich Sie bestimmt erkennen."

Langsam ging er die Straße hinab, denn seine Kräfte erlaubten ihm nicht, rascher auszuholen. Zudem fürchtete er, die Blicke der Gassenjungen auf sich zu lenken. Aber Getreus Hinrichtung hatte die Gemüter der bösen Jungen auf dem Eitelkeitsmarkt beruhigt, und sie begnügten sich damit, ihm im Vorbeigehen ins Gesicht zu lachen. Keiner hob die Hand gegen ihn oder versuchte, ihn zurückzuhalten.

Als Jungchrist durch das große Stadttor ging, hörte er eilige Schritte hinter sich, und bald darauf legte sich eine Hand auf seine Schulter. Im ersten Augenblick erschrak er. Sollte nun alles wieder von vorn beginnen?

Doch der Junge, der ihn eingeholt hatte, schaute ebenso ängstlich drein wie er selbst und bat halblaut: „Laß mich mit dir kommen! Ich kann nicht mehr hier bleiben."

„Willst du ein Pilger werden?"

„Ja. Ich heiße Hoffnungsvoll, und ich möchte mit dir ziehen. Sobald die Stadt weit genug hinter uns liegt, erzähle ich dir alles."

30. Kapitel

Nur-Bequem

Jungchrist versuchte, etwas schneller zu gehen, denn Hoffnungsvoll wagte nicht zu sprechen, bevor nicht ein größerer Abstand zwischen ihnen und der Stadt lag.

Endlich begann er: „Weißt du, einige von uns sind sehr traurig gewesen, daß man Getreu hingerichtet hat. Er ist unerhört tapfer gewesen. Ich habe mehrere Leute gehört, die sagten, sie wollten nicht mehr in der Stadt bleiben, wenn solche Sachen darin geschehen. Als du aus dem Gefängnis gekommen bist, war ich gerade auf der Straße. Ich habe aufgepaßt, welchen Weg du einschlagen würdest, und als niemand zugeschaut hat, bin ich dir nachgelaufen. Es ist dir doch recht, wenn ich dich begleite, wie?"

„Freilich, wenn du den König wirklich liebhast", erwiderte Jungchrist. „Ich hatte gedacht, ich müßte nun allein weitergehen, und bin sehr froh, wenn ich einen Gefährten habe."

„Also abgemacht! Ich komme mit dir. Ich hab schon lang im Sinn gehabt, davonzulaufen."

In angeregtem Gespräch holten die Wanderer bald einen weiteren Jungen ein, der nachlässig auf der Sonnenseite der Straße dahinschlenderte.Er stammte aus einer Ortschaft in der Nähe des Eitelkeitsmarktes, deren Einwohner sich Untertanen des Königs nannten und ihre Ergebenheit laut bekundeten. Wenn aber der böse Fürst oder seine Leute sie aufsuchten, hörten sie augenblicklich auf, vom König zu sprechen, und taten, als wollten sie dem bösen Fürsten gehorchen. Dieser war sehr zufrieden mit den Leuten und unternahm nie das geringste, wenn es dem einen oder andern von ihnen einfiel, ein Pilger zu werden. Er wußte im voraus, daß sie bei der ersten Schwierigkeit, bei der kleinsten Gefahr unverzüglich zu ihm zurückkehrten.

Dieser Junge nun hieß Nur-Bequem. Er paßte sich Jungchrists und Hoffnungsvolls Schritten an und erzählte ihnen von seinen Eltern und Freunden, die, wie er sagte, alle sehr wohlhabend waren. Ja, er schien sich allerhand auf seine Stellung einzubilden und behandelte Jungchrist und Hoffnungsvoll ziemlich von oben herab.

„Welch schönes Wetter heute!" bemerkte Hoffnungsvoll. Die Sonne schien hell, und ein sanftes Lüftchen umspielte die Wanderer.

„Ja", sagte Nur-Bequem, „rechtes Reisewetter. Bei uns geht sowieso niemand aus, außer bei gutem Wetter. Im Winter sind wir nie unterwegs. Wozu auch gegen Regen und Wind ankämpfen?"

„Es regnet aber auch im Sommer öfters", warf Jungchrist ein, „und manchmal bricht ein Gewitter los."

„Was zwingt dich dann, weiterzugehen? Wenn es jetzt anfangen sollte zu regnen, würde ich mich unter einen dicken Busch kauern und warten, bis das Wetter wieder schön wäre."

Jungchrist konnte das Lachen nicht unterdrücken und meinte: ,,Die rechten Pilger tun das aber nie, das sag ich dir! Sie lassen sich nicht von der Witterung beeinflussen."

,,Jeder macht, was er will. Es lohnt sich nicht, um so etwas zu streiten", sagte Nur-Bequem. ,,Falls ein Gewitter kommt, spaziert ihr gefälligst weiter, wenn es euch Freude macht. Ich warte, bis es vorüber ist."

Jungchrist wußte aus seinem Buch, daß es unvorsichtig ist, Freunde zu haben, die dem König nicht von Herzen dienen. Darum sprach er zu Nur-Bequem:

,,Wenn du so sprichst, ist es besser, wir trennen uns wieder. Hoffnungsvoll und ich haben bei jedem Wetter weiterzugehen."

,,Gut", antwortete Nur-Bequem. ,,Macht, daß ihr fortkommt, meine Herrschaften! Ich war ganz vergnügt ohne euch – bitte sehr, macht keine Umstände wegen mir!"

,,Schade, daß wir ihn beleidigt haben", meinte Jungchrist etwas später. ,,Aber ich glaube wirklich, es wäre ein Fehler von uns gewesen, bei ihm zu bleiben. Wenn ein Unwetter heraufgezogen wäre, wer weiß? Vielleicht wären wir doch versucht gewesen, es ihm gleich zu tun."

Im Grund war Nur-Bequem überglücklich gewesen, Reisegefährten anzutreffen, denn er hatte es recht langweilig gefunden, allein zu wandern. Aber er war viel zu träge, um dem König aufrichtig zu dienen. So vergrub er denn die Hände in den Hosentaschen und gab sich höchst überlegen, als Hoffnungsvoll und Jungchrist ihn verließen. Sie brauchten ihm nicht anzumerken, daß er ihnen am liebsten nachgelaufen wäre, um ihnen zu sagen, daß er sich von nun an auch nichts mehr aus Unwettern machen wollte!"

,,Aber wozu auch?" überlegte er. ,,Meine schönsten Versprechen würden mich nicht hindern, zu tun, wie mir beliebt. Sind die aber dumm! Nur... es wäre doch netter, Kameraden wie sie zu haben als gar keine."

Nur-Bequem war noch immer schwankend, als er seinen Namen rufen hörte. Da kamen ja drei seiner Freunde daher und bedeuteten ihm, er solle auf sie warten.

„Wohin denn so eilig?" fragten sie, als sie ihn erreicht hatten.

„Ich hatte zu Hause nichts Besonderes zu tun, da wollte ich einmal sehen, ob es lustig ist, ein Pilger zu sein."

„Dann kommen wir mit dir. Wer sind die Jungen dort vorn? Du hast doch vorhin mit ihnen geschwatzt, nicht wahr?"

„Es sind Pilger, aber nicht von unserer Sorte! Sie sind Diener des Königs. Ich hab ihnen gesagt, ich reise nur, solange es schön sei, da haben sie mir zu verstehen gegeben, ich solle für mich bleiben. Ich sehe halt nicht ein, wozu ich in Wind und Regen weiterzotteln soll. Man kann doch ebensogut warten, bis es wieder schön ist."

„Klar", fiel ihm einer der Neuangekommenen ins Wort. „Aber diese Königspilger sind alle gleich: geh nicht in jedem Punkt mit ihnen einig, und gleich wollen sie nichts mehr mit dir zu tun haben! Was gehen uns die an? Kümmern wir uns nicht um sie! Wir vier werden uns gut vertragen."

31. Kapitel

Geizhals und die Silbergrube

Lachend und plaudernd zogen Nur-Bequem und seine Genossen dahin. Bald hatten sie Hoffnungsvoll und Jungchrist eingeholt und versuchten, sie mit allerlei dummen Fragen in Verlegenheit zu bringen.

Sie wollten gern wissen, behaupteten sie, ob ihre Lebensweise dem König wirklich mißfalle. Sie hofften, Jungchrist würde nicht wagen, ihnen offen Antwort zu geben. Dann hätten sie ihm „Heuchler" und „Feigling" nachrufen können.

Aber nein. Trotz seiner natürlichen Schüchternheit ließ Jungchrist es sich nicht nehmen, bei der Wahrheit zu bleiben. Er liebte den König über alles und war keineswegs geneigt, Nur-Bequem und seinen Kameraden zuzustimmen, bloß weil sie ihm Angst machen wollten.

Freimütig stand er ihnen Rede und Antwort, bis ihnen schließlich nicht mehr wohl war in ihrer Haut und sie keine Fragen mehr stellen mochten. Sie blieben zurück und ließen die beiden Pilger ungestört weitergehen.

Kurz darauf führte der Weg an einem schmalen, ebenen Wiesenstreifen entlang, neben dem ein Hügel sanft anstieg. An dessen Abhang war eine Öffnung sichtbar, die zu einer Höhle zu führen schien. Davor stand ein junger Mann und rief, sobald er der beiden Jungen ansichtig wurde:

„Kommt schnell hierher! Ich will euch etwas zeigen."

„Was denn?" fragte Jungchrist.

„Ein Silberbergwerk. Es ist voller Schätze, ihr werdet euch im Nu die Taschen gefüllt haben."

„Laß uns hingehen!" bettelte Hoffnungsvoll.

Aber Jungchrist hielt ihn zurück:

„Nein, nein, das ist nichts für uns."

Doch fragte er Geizhals – so hieß der junge Mann –, ob die Höhle nicht gefährlich wäre.

Geizhals wußte genau, daß sie es war. Aber er stand im Auftrag des bösen Fürsten, dem das Bergwerk gehörte, und war verpflichtet, die Reisenden zu versuchen, indem er ihnen vorgaukelte, die Mine fließe von Silber über.

Deshalb erwiderte er: „Woher auch! Ihr müßtet schon allzu waghalsig sein!"

Jungchrist aber wandte sich entschlossen ab und sprach zu Hoffnungsvoll: „Wir gehen nicht hinauf. Ich habe bestimmt schon einmal von diesem Bergwerk gehört. Übrigens siehst du ja, daß wir nicht den Hügel hinaufsteigen können, ohne den Weg des Königs zu verlassen."

Als er sah, daß sich die beiden entfernten, rief Geizhals ihnen nach:

„Wenn ihr schon nicht mitkommen wollt, könnt ihr wenigstens auf mich warten! Ich bin auch ein Pilger und käme gern mit euch."

,,Ich glaube nicht, daß Sie ein Pilger des Königs sind", rief Jungchrist zurück, ,,sonst hätten Sie nicht versucht, uns aufzuhalten. Wir dürfen keine Zeit verlieren."

Geizhals erwiderte nichts. Er wartete auf Nur-Bequem und seine Gefährten, die bereits näher kamen. Hoffnungsvoll schaute zurück, um zu sehen, was sie tun würden.

Keiner dieser Burschen liebte den König und hatte das aufrichtige Verlangen, in die himmlische Stadt zu kommen! Kaum hörten sie von dem Schatz, so stürmten sie schon den Hügel hinauf. Geizhals wußte, daß die Leute, die in die Stollen eindrangen, um nach Silber zu suchen, sich fast mit Bestimmtheit darin verirrten oder zu Tode stürzten. Trotzdem sagte er zu Nur-Bequem, es bestehe keinerlei Gefahr.

Die vier drängten sich in das unterirdische Gewölbe, und niemand hat je wieder von ihnen gehört. Zweifellos wagten sie sich zu weit in die finsteren Gänge des Bergwerks vor und konnten den Ausgang nicht mehr finden.

Hoffnungsvoll und Jungchrist zogen weiter, als ersterer plötzlich stillstand und ausrief:

,,Was ist denn das?"

Jungchrist schaute in die Richtung, in die Hoffnungsvoll wies, und erblickte am Wegrand eine seltsame weiße Gestalt. Sie sah wie ein stehendes menschliches Wesen aus, das in ein weißes Leintuch gehüllt war. Beim Näherkommen erkannten sie, daß die Gestalt regungslos dastand, dann, daß es eine weibliche Figur war und daß sie der himmlischen Stadt den Rücken zuwandte.

,,Glaubst du, daß sie eine Pilgerin war?" fragte Hoffnungsvoll leise.

,,Ich weiß es nicht. Aber warum hat man sie wohl hierhergestellt?"

Langsam gingen sie um die Gestalt herum, und als sie sie genau musterten, bemerkte Hoffnungsvoll, daß im Saum des Gewandes einige Worte eingegraben waren. Die Jahre hatten die Schrift stark verwischt, aber schließlich gelang es Jungchrist, sie zu entziffern, und er las: ,,Gedenket an Lots Weib!"

„Jetzt weiß ich, was das ist!" rief er aus. „Ich habe diese Geschichte gelesen, als ich auf Schloß Prachtvoll war."

Und er erzählte Hoffnungsvoll, daß der König einst einen Mann namens Lot samt seiner Frau und seinen beiden Töchtern gerettet hatte, als die Stadt, in der sie wohnten, um ihrer Bosheit willen zerstört wurde. Er sandte einen Engel, um die vier Menschen aus der Stadt hinauszuführen, und befahl ihnen, nicht zurückzublicken. Trotz dieses Verbots schaute Lots Frau zurück, und im selben Augenblick erstarrte sie zur Salzsäule.

„Das ist ja furchtbar!" entsetzte sich Hoffnungsvoll. „Meinst du, man hat sie hierhergestellt, um uns Angst zu machen?"

„Nicht, um uns Angst zu machen, sondern um uns zu warnen, damit wir aufpassen. Ich bin froh, daß wir nicht auf Geizhals gehört haben, als er uns gerufen hat."

„Ich auch. Ich möchte nicht vom König gestraft werden müssen."

32. Kapitel

Im Tal des Friedens

Jungchrist hatte sich noch immer nicht von den Mißhandlungen auf dem Eitelkeitsmarkt erholen können und fühlte sich noch so schwach, daß sein Freund und er nur langsam vorwärtskamen.

„Wo werden wir wohl heute schlafen?" fragte Hoffnungsvoll. „Du kannst doch nicht die ganze Nacht gehen. Aber hier einzuschlafen, wäre unvorsichtig."

„Vielleicht kommen wir an ein Haus wie Schloß Prachtvoll", sagte Jungchrist. „Wie schön hab ich's dort gehabt! Wenn du wüßtest, wie nett Feinfühlig und ihre Töchter zu mir waren!"

Darüber wollte Hoffnungsvoll nun allerlei wissen, und

Jungchrist versuchte, ihm anschaulich zu schildern, was er gesehen und gehört hatte. Aber seine geringen Kräfte nahmen zusehends ab. Bald war er zu müde, um weiterzureden. Er vermochte sich kaum noch weiterzuschleppen, obwohl er sich auf den Arm des Freundes stützte. In seiner freundlichen, liebevollen Art tat Hoffnungsvoll sein möglichstes, um ihm Mut einzuflößen. Als er aber merkte, daß Jungchrist immer blasser wurde, dachte er besorgt:

„Wenn wir nur bald ein Quartier finden könnten!"

Die Abendschatten wuchsen, und Hoffnungsvoll spähte in die Finsternis hinaus in der Hoffnung, irgendwo in der Ferne ein Licht zu erblicken. Aber er konnte nichts sehen. Nacht umschloß die müden Wanderer. Mühsam trotteten sie weiter, denn Jungchrist weigerte sich, sich ins Gras zu legen, obschon Hoffnungsvoll ihm versprach, sorgsam an seiner Seite zu wachen.

„Nein", sagte Jungchrist, „laß uns weitergehen. Der König wird uns nicht im Stich lassen. Er weiß, daß wir am Ende unserer Kraft sind. Bald wird er uns einen Ort zeigen, wo wir ausruhen können."

Schon begannen am Himmel die Sterne aufzuleuchten. Der Mond erhob sich hinter den Hügeln und breitete sein reines, sanftes Licht über den königlichen Weg. Da rief Hoffnungsvoll plötzlich aus:

„Jungchrist, schau! Wir werden gleich an einen wunderschönen Ort kommen!"

Jungchrist schaute auf. Die Landschaft weitete sich, und sie näherten sich einem stillen Wasser. Blühende Wiesen grenzten daran, und der Weg führte mitten in sie hinein! Das Gewässer hieß „Strom des Lebens", und das Gelände an seinen beiden Ufern war mit starken Zäunen eingehegt, so daß die müden Pilger sich sorgenfrei auf dem weichen Blumenteppich unter den fruchtbeladenen Bäumen zur Ruhe legen konnten.

Wie dankbar war Jungchrist, seine schmerzenden Glieder zu strecken! Hoffnungsvoll setzte sich neben ihn, und Hand in Hand träumten sie in die milde Sommernacht hinaus. Silberglänzend lag der Mondschein auf den tänzelnden Wellen des Flusses.

,,Hierher kommt der böse Feind nie", murmelte Hoffnungsvoll.

,,Nein, bestimmt nicht", sagte Jungchrist. ,,Alles ist so friedlich und schön."

Dann legten sie sich auf den Rücken und schauten zu den Sternen auf, bis ihnen die Augen zufielen.

Bei Sonnenaufgang stand ein Bote des Königs vor ihnen.

,,Dies ist das Tal des Friedens", sprach er. ,,Ihr sollt ein paar Tage hierbleiben, bis Jungchrist wieder ganz bei Kräften ist. Ihr werdet Nahrung im Überfluß finden, denn die Bäume hängen voller Früchte, und das Wasser des Stromes wird euch erfrischen und stärken."

Eine volle Woche brachten die beiden in diesem idyllischen Tal zu. Sie ruhten sich gründlich aus und genossen dankbaren Herzens die Entspannung. Jungchrist durfte es sogar unbesorgt wagen, seine Rüstung abzulegen. So saß er stundenlang am Ufer, den Rücken an einen dicken Baumstamm gelehnt, während Hoffnungsvoll in seiner Nähe saftige Früchte pflückte.

Diese Ruhezeit im Tal des Friedens tat Jungchrist in jeder Hinsicht gut, und er fühlte sich von Tag zu Tag besser. Schließlich hatte er die größte Lust, die Reise fortzusetzen.

,,Mir ist, als wären wir nicht mehr weit von der himmlischen Stadt entfernt", sagte er. ,,Wie freue ich mich, dort anzukommen! Jetzt sind wir wieder so frisch, daß wir rascher gehen können."

33. Kapitel

Die Abwegswiese

Eines Morgens früh verließen die Wanderer das Tal des Friedens und zogen den ganzen Tag auf dem Weg des Königs dahin. Der Nachmittag ging bereits zur Neige, als sie an eine Einzäunung kamen, hinter der eine große Lichtung lag, Abwegswiese genannt. Sie gehörte einem gewaltigen, grausamen Riesen mit Namen Verzweiflung. Dieser war ein berühmter Kriegsmann der fürstlichen Armee. Er hauste in einer Burg am jenseitigen Ende der Wiese; aber man konnte sie vom königlichen Weg aus nicht sehen. All das stand in Jungchrists Buch. Unglücklicherweise kam es ihm aber nicht in den Sinn, darin nachzuschauen.

Die beiden Jungen waren recht müde, denn der Weg war seit dem Morgen steil und steinig gewesen. Nun taten ihnen die Füße weh.

Jungchrist hielt an und lehnte sich über das Tor im Zaun. Dieser trennte die Wiese vom Weg des Königs, doch auf der Wiese, dem Zaun entlang, lief ein hübscher, moosbewachsener Weg.

„Wie wär's, wenn wir ein Stück weit diesem Weg folgten?" schlug Jungchrist vor. „Hier tun mir die Steine so weh!"

„Mir auch", sagte Hoffnungsvoll. „Aber meinst du, daß wir dort in Sicherheit sind?"

Auch er lehnte sich über den Zaun und schaute verlangend auf die andere Seite.

„Ich denke doch", meinte Jungchrist. „Der Weg ist so nah am Rand."

Hoffnungsvoll zögerte noch immer. Da er aber überzeugt war, daß Jungchrist die Gesetze des Königs besser kannte als er, folgte er seinem Kameraden. Das frische, weiche Gras tat ihren müden Füßen wohl. Bald bemerkten sie einen dritten Jungen, der vor ihnen herging, und

Jungchrist rief ihn an, um zu fragen, ob er wüßte, wohin dieser Weg führte.

Leichtgläubig – so hieß der Junge – wandte sich und antwortete:

„Zur himmlischen Stadt."

„Siehst du", sagte Jungchrist, „ich habe recht gehabt. Wir sind in Sicherheit. Übrigens brauchen wir nur hinter diesem Jungen herzugehen, und falls Gefahr im Anzug ist, merken wir es früh genug und können davonlaufen."

Aber Hoffnungsvoll war nicht beruhigt. Die Nacht brach herein und war so finster, daß sie Leichtgläubig nicht mehr erkennen konnten. Da – ein Schrei und gleich darauf das Geräusch eines hart aufschlagenden Körpers. Hoffnungsvoll packte Jungchrist am Arm. Auch Jungchrist besaß nichts mehr von seiner vorherigen Sicherheit und fing an, vor Furcht zu schlottern.

„Was ist los?" fragte er laut und rief nach Leichtgläubig. Aber es kam keine Antwort. Nur ein dumpfes Stöhnen drang von irgendwo her.

„Wir sind ganz bestimmt nicht auf dem richtigen Weg", sagte Hoffnungsvoll, „und es ist so dunkel."

Jungchrist schwieg. Er wußte jetzt, daß es ein großer Fehler gewesen war, die Wiese zu betreten. Ganz zerknirscht fragte er sich, wie er je hatte denken können, daß ein Pfad, der sich vom geraden Weg entfernte, sicher sein könnte.

Bevor er sich aufraffen konnte, etwas zu sagen, spürte er große Regentropfen im Gesicht. Gleich darauf zuckte ein Blitz durch die Luft, gefolgt von heftigem Donnerrollen. Bald regnete es in Strömen. Nie zuvor hatten die Kinder solch einen Wolkenbruch erlebt.

Jungchrist verzweifelte. Wäre er doch nicht so leichtfertig gewesen!

„Es ist ganz allein meine Schuld", stöhnte er. „Hoffnungsvoll, es tut mir leid! Es geschieht mir ganz recht, wenn der Blitz mich trifft. Ohne mich wärst du nie hieher geraten."

„Vielleicht doch", antwortete Hoffnungsvoll, denn es

tat ihm weh, Jungchrist so verzweifelt zu sehen. „Ich bin auch schuld. Ich hätte dich zurückhalten sollen."

„Laß uns umkehren", bat Jungchrist. „Vielleicht finden wir den Weg wieder."

Aber der Regen ließ nicht nach. Die Bächlein, die durch die Wiese rannen, schwollen an und überschwemmten den Pfad, und in der Dunkelheit verliefen sich die Jungen derart, daß sie fürchteten, sie würden den Weg des Königs nie wieder finden.

Stundenlang dauerte das Unwetter an, so daß die müden Wanderer es schließlich aufgaben, länger nach dem Ausgang zu suchen. Eng aneinandergeschmiegt suchten sie in einem Gebüsch notdürftigen Schutz mit der festen Absicht, beim ersten Morgengrauen aufzubrechen. Aber sie hatten nicht mit ihrer Erschöpfung gerechnet: bald schliefen sie fest, trotz Regen und Sturm.

34. Kapitel

Im Kerker

Gegen Mitternacht legte sich der Sturm, und am Morgen ging die Sonne an einem wolkenlosen Himmel auf und überflutete mit ihren wärmenden Strahlen den Weg des Königs. Hoffnungsvoll und Jungchrist aber wußten nicht, daß es schon Tag war. Das Gebüsch hielt die Tageshelle zurück, und sie schliefen weiter, ohne zu ahnen, welcher Gefahr sie sich damit aussetzten.

Der Riese Verzweiflung hatte das nächtliche Unwetter natürlich gehört und trat nun einen Rundgang durch seine Besitzungen an. Er wollte nachsehen, ob Sturm und Regen irgendwo Schaden angerichtet hätten. Sein Rückweg führte ihn auch über die Abwegswiese, und hier bemerkte er die Schläfer.

Hoffnungsvolls Kleider, früher neu und weiß, waren

auf dem Eitelkeitsmarkt schäbig und grau geworden. Aber Jungchrists Rüstung glänzte noch immer trotz der vielen Spritzer, die sie erhalten hatte. Sein Helm vor allem fing den Blick des Riesen, und er blieb stehen, um nachzusehen, wer sich da versteckt hielte.

,,Haha, Untertanen des Königs!" schmunzelte er. Die sollten ihm nicht entkommen!

Die rauhe Stimme weckte Jungchrist aus seinen Träumen. Als er die Augen aufschlug, sah er den Riesen über sich. Wie erschrak er beim Anblick dieses schrecklichen Mannes mit seinem wirren, langen Haar und zottigen Bart!

Jungchrist stieß einen gellenden Schrei aus, der Hoffnungsvoll aufspringen ließ.

,,Was macht ihr da?" knurrte der Riese.

,,Wir sind Pilger", antwortete Jungchrist, der vor Angst kaum sprechen konnte. ,,Wir haben den Weg verloren."

,,Ihr habt kein Recht, auf meiner Wiese zu übernachten. Marsch, kommt mit mir auf meine Burg!"

Die Stimme des Riesen tönte noch schauriger als das Donnergrollen in der Nacht, und die unglücklichen Jungen sahen ein, daß sie dem Ungetüm rettungslos ausgeliefert waren. Was hätte es ihnen genützt, davonzulaufen? Im Nu hätte der große Mann sie wieder eingeholt. Er hieß sie querfeldein vor sich hergehen bis zu seiner Behausung, der Zweifelsburg. Dort sperrte er sie in ein finsteres Loch, wo sie den Tag und die darauffolgende Nacht zubrachten. Die armen Gefangenen! Sie hatten nichts zu essen, nichts zu trinken und konnten nicht einmal etwas sehen. Jungchrist aber mußte sich schweren Herzens eingestehen, daß er an diesem ganzen Elend schuld war und daß sie seinetwegen vielleicht nie die himmlische Stadt erreichen würden. Der Riese konnte sie ja umbringen, wann es ihm beliebte!

Verzweiflung hatte eine Frau namens Argwohn. Er erzählte ihr, daß er auf seinem Grundstück zwei Pilger gefunden und sie in einen seiner unterirdischen Kerker eingesperrt habe. Argwohn war kein bißchen weichherziger als ihr Mann. Sie freute sich über die Nachricht und empfahl ihm, nur ja nicht zu versäumen, die Gefangenen tüchtig durchzubläuen. Am nächsten Vormittag stieg Verzweiflung mit seiner Keule zu ihnen hinunter und schlug erbarmungslos auf sie ein, worauf er sie wieder in völliger Finsternis zurückließ. Wundgeschlagen und halb verhungert brachten die Armen auch diesen zweiten Tag in großer Not zu.

Am dritten Tag kam ihr Peiniger wieder und schien überrascht, sie noch am Leben zu finden.

„Ich lasse euch nie mehr aus meiner Burg heraus, euch zwei, darauf könnt ihr euch verlassen! Falls ihr also nicht Hungers sterben wollt, tut ihr gut, das Gift zu trinken, das ich euch hier bringe."

Jungchrist flehte ihn an, Erbarmen zu haben und sie freizulassen. Aber das machte ihn wütend. Er schwang seine Keule und stürzte sich auf die Gefangenen. Er hätte sie umgebracht, wenn seine Kräfte ihn nicht plötzlich verlassen hätten. Er mußte sich zurückziehen. Verzweiflung hatte nämlich öfters solche Schwächeanfälle, in denen er seine Hände nicht mehr gebrauchen konnte. Daher hatten einzelne Gefangene, die er in der Zweifelsburg festgehalten hatte, ihm entkommen können. Aber Jungchrist ahnte das natürlich nicht und begann zu fürchten, daß sie wirklich rettungslos verloren seien.

„Was sollen wir machen?" fragte er seinen Freund. „Wenn wir bis zu unserem Tode hier bleiben müssen, ist es dann nicht besser, wir trinken das Gift, statt elend zu verhungern?"

„Nein, niemals!" erwiderte Hoffnungsvoll bestimmt. „Die Engel werden uns nicht in die himmlische Stadt holen, wenn wir uns selber umbringen. Sie kommen nur, wenn der König sie schickt. Vielleicht wird dem Riesen wieder einmal übel, und er vergißt, den Schlüssel umzudrehen. Dann können wir davonlaufen, bevor er wieder zu sich kommt. Laß uns noch ein wenig warten. Der König zeigt uns vielleicht doch noch einen Ausweg."

35. Kapitel

Der Schlüssel der Verheißung

Im Laufe des Abends schaute der Riese nochmals nach, ob seine Gefangenen endlich tot wären. Aber nein, sie waren zwar zum Umfallen schwach, aber sie lebten und hatten das Gift nicht angerührt. Da bekam Verzweiflung einen solchen Wutanfall, daß Jungchrist vor Schrekken in Ohnmacht fiel. Als er wieder zu sich kam, war der Riese verschwunden, und Hoffnungsvoll kauerte neben Jungchrist am Boden und suchte ihm durch Reiben die Hände zu erwärmen.

„Es ist nicht mehr zum Aushalten", stöhnte Jungchrist. „Wir kommen nicht mehr lebend davon."

„Sag das nicht!" bat Hoffnungsvoll. „Du vergißt, daß du schon so viele andere Gefahren überstanden hast. Denk doch an den langen Weg, den du schon zurückgelegt hast! Du hast dich nicht gefürchtet, gegen das dicke Ich zu kämpfen, und der König hat dir geholfen, es zu besiegen. Du bist durch das finstere Tal gekommen, und selbst auf dem Eitelkeitsmarkt hat der König es nicht zugelassen, daß man dich tötete. Laß uns doch Vertrauen haben und geduldig sein!"

Der Riese und seine Frau wußten, daß die Gefangenen, die sich das Leben nahmen, niemals zur himmlischen Stadt kamen. Wenn hingegen Verzweiflung sie umbrachte, sandte der König seine Engel aus, um sie heimzuholen. Als die Frau deshalb erfuhr, daß die Gefangenen noch immer am Leben waren, geriet sie wie ihr Mann in heftigen Zorn und sagte:

„Jetzt bleibt nur noch eines übrig: Morgen mußt du sie in den Hof führen und ihnen die Gebeine der Leute zeigen, die hier umgekommen sind. Das wird dann hoffentlich genügen, damit sie das Gift schlucken."

Eine ausgezeichnete Idee, dachte der Riese.

Am folgenden Morgen holte er Jungchrist und Hoffnungsvoll aus ihrer Zelle und zeigte ihnen im Gefängnishof die zertreut herumliegenden Gebeine von Männern, Frauen und selbst kleinen Kindern. Es war ein schauderhafter Anblick, und Verzweiflung bemerkte mit Vergnügen, wie das Grauen seine Gefangenen schüttelte.

,,Das ist alles, was von den Pilgern übrigbleibt, jawohl, von Pilgern wie euch, die auf meine Wiesen gekommen sind und die ich eingesperrt und getötet habe. Noch ein paar Tage, dann ist es auch mit euch so weit, und eure Gebeine werden den übrigen hier Gesellschaft leisten."

Daraufhin verprügelte er die beiden nochmals und warf sie wieder in ihr finsteres Loch. Arme Pilger! Sie konnten sich nicht vorstellen, woher ihnen Hilfe kommen sollte.

Am Abend desselben Tages sagte Verzweiflung zu seiner Frau, er begreife nicht, woher diese Jungen ihre Widerstandskraft nähmen. Aber Argwohn unterbrach ihn:

,,Sie bilden sich wohl ein, es werde jemand kommen und sie befreien. Oder wer weiß, vielleicht halten sie einen Schlüssel in ihren Kleidern versteckt? Gib acht! Du weißt doch, daß mehr als einer von denen, die du eingesperrt hattest, dir auf diese Weise entflohen ist."

Das stimmte allerdings. Nur sagte sich Verzweiflung, daß Jungchrist, falls er wirklich einen Schlüssel besaß, ihn schon längst benutzt hätte.

,,Wie dem auch sei", dachte er, ,,morgen werde ich ihre Taschen untersuchen." Und damit schlief er ein.

Solch ein Schlüssel aber, ein Schlüssel der Verheißung, ja, der lag in Jungchrists Tasche. Er war ihm auf Schloß Prachtvoll überreicht worden, aber in seinem Elend hatte er ihn völlig vergessen...

In dieser Nacht konnten weder Hoffnungsvoll noch Jungchrist Schlaf finden. Nachdem sie längere Zeit hin und her geredet hatten, flehten sie den König inbrünstig an, ihnen zu helfen.

,,Er hört uns, obwohl wir ihn nicht sehen", sagte Jungchrist. ,,Und denk dir nur, ich fange trotz allem an zu hoffen, daß wir da herauskommen werden!"

Ja, der König hatte das Gebet seiner Kinder gehört. Er sandte einen Engel, um ihnen zu zeigen, was sie tun sollten. Sie erblickten den Engel nicht, aber auf einmal durchzuckte Jungchrist ein Gedanke, und der kam vom König.

,,Hoffnungsvoll", rief er, ,,was bin ich für ein Dummkopf! Wir hätten ja schon längst entfliehen können! Feinfühlig hat mir doch einen kleinen Schlüssel gegeben, und ich glaube fast, mit diesem lassen sich sämtliche Schlösser der Burg öffnen!"

Mit einem Satz war Hoffnungsvoll auf den Beinen.

,,Versuch's! Aber rasch!" rief er. ,,Es ist bestimmt noch Nacht, da schläft der Riese sicher."

Im Dunkeln tasteten sie sich zur Tür hin und fanden schließlich das Schlüsselloch. Jungchrist preßte den Schlüssel hinein, er ließ sich drehen, und die Tür gab nach.

Wie klopfte den beiden das Herz, als sie über die Schwelle traten! Sie spitzten die Ohren. Ein fahler Schein drang vom Hof her in den Flur. Der Schlüssel vermochte auch die zweite Tür zu öffnen. Lautlos, ohne auch nur ein Flüstern zu wagen, huschten sie über den Hof. Der Mond schien vergnügt auf sie herunter, als wollte er sie ermutigen. Nun lag nur noch ein einziges Tor zwischen ihnen und der grünen Wiese.

Nur schwer ging dieses letzte Schloß auf! Mit aller Kraft drückte Jungchrist auf den Schlüssel: er ließ sich nicht drehen! Und jetzt, zu allem Unglück, dröhnten die Schritte des Riesen auf der Burgtreppe. Verzweiflung hatte ein Geräusch vernommen und kam nachschauen. Die Burschen glaubten sich verloren. Doch in dem Augenblick, als Verzweiflung sie erreichte, wurde er von einem Schwächeanfall erfaßt. Die Keule entglitt seiner Hand, und er selbst stürzte krachend zu Boden.

,,Jungchrist, mach doch schnell auf!" rief Hoffnungsvoll. ,,Laß uns laufen, bevor er wieder zu sich kommt!"

,,Ich kann nicht", erwiderte Jungchrist verzweifelt. ,,Das Schloß ist rostig."

Mit vereinten Kräften drückten sie auf den Schlüssel.
,,Er dreht sich."

Im selben Augenblick gab das Schloß nach. Blitzschnell schoben die Jungen die schweren Riegel zurück und stießen den Türflügel auf. Sie verloren keine Zeit damit, sich nach Verzweiflung umzusehen, der noch immer auf dem Boden lag. Froh stürmten sie über die Wiese in der Richtung des Zaunes, der sie vom königlichen Weg trennte.

36. Kapitel

Die Berge der Freude

Als die Flüchtlinge endlich wieder den sicheren Boden des königlichen Pilgerwegs unter den Füßen spürten, war Jungchrists erstes Wort:

,,Welch ein Glück, daß Feinfühlig mir diesen Schlüssel mitgegeben hat!"

,,Ja", sagte Hoffnungsvoll. ,,Was wäre sonst aus uns geworden?"

Sie setzten sich am Wegrand nieder, denn sie waren ganz außer Atem gekommen. Verzweiflung würde es nicht wagen, sie bis auf den Weg des Königs zu verfolgen, deshalb durften sie sich ohne Sorge ein wenig ausruhen.

,,Es ist ein Jammer, daß die Pilger nicht wissen, wohin jener Weg führt", meinte Jungchrist. ,,Wollen wir nicht etwas auf einen Stein schreiben und ihn neben das Tor im Zaun legen? Was meinst du?"

,,Versuchen wir's! Wenn wir einen Stein finden, der flach genug ist, kann ich mit meinem Messer die Buchstaben einritzen."

Sie suchten und fanden schließlich einen glatten, ziemlich großen Block.

,,Der paßt gut", sagte Jungchrist. Nach längerem Hin

und Her einigten sie sich, was darauf zu schreiben wäre.

Dann zog Hoffnungsvoll sein Messer aus der Tasche und ritzte folgende Worte in den Granit: ,,Dieser Weg führt zur Zweifelsburg, die dem Riesen Verzweiflung gehört. Er ist ein Feind des Königs und tötet die Pilger."

Natürlich dauerte es lange, bis dieses Werk vollendet war. Aber am Abend war es soweit, und als der Mond aufging, stand der Block schön sichtbar an den Zaun gelehnt.

,,Vielleicht rettet er jemandem das Leben", sagte Hoffnungsvoll. ,,Du hast recht gehabt, daran zu denken."

Die kurze Sommernacht war bald vorüber, und die Sonne ging wieder hinter den Bergen auf. Die Pilger zogen ruhig ihres Wegs. Nach den entsetzlichen Tagen und Nächten, die sie im Kerker geschmachtet hatten, war ihnen die reine Luft und das blendende Licht ein unsagbarer Genuß.

,,Wie schön sind diese Berge!"

,,Wahrscheinlich sind es die Berge der Freude", meinte Jungchrist. ,,Ich habe sie vom Schloß Prachtvoll aus in der Ferne gesehen. Ich glaube, es wohnen Hirten dort, die die Pilger freundlich aufnehmen. Vielleicht geben sie uns etwas zu essen und lassen uns ein wenig ausruhen."

Bald waren sie am Fuß der Bergkette angelangt und machten sich an den Aufstieg. An dieser Stelle war der Weg des Königs leicht und angenehm im Gegensatz zum Berg der Schwierigkeiten, der so steil und rauh gewesen war. Die Abhänge stiegen terrassenförmig an. Reben wuchsen darauf; klare Bäche flossen durch das Gras, und da und dort spendeten prächtige, schwer beladene Obstbäume den Reisenden willkommenen Schatten.

Hoffnungsvoll und Jungchrist waren ausgehungert und hatten großen Durst. Sie tranken von dem frischen Wasser und pflückten von den Früchten.

Die Hirten hielten sich etwas weiter oben auf. Als sie die Pilger erblickten, kamen einige ihnen entgegen.

,,Sind wir hier auf den Bergen der Freude?" fragte Jungchrist.

,,Ja", erwiderten die Hirten. ,,Diese ganze Gegend, von der aus man die Stadt des Königs sehen kann, heißt das Immanuelsland und gehört dem Königssohn. Die Herden, die hier weiden, sind Eigentum des Königs, und wir hüten sie."

,,Liegt dieses Land in der Nähe der himmlischen Stadt?" wollte Jungchrist wissen. ,,Ist es ungefährlich?"

,,Völlig ungefährlich für jeden, der den König liebhat. Aber solche, die ihm nicht treu dienen, setzen bisweilen ihr Leben aufs Spiel."

,,Gibt es irgendwo einen Ort, wo man sich ausruhen kann? Wir können fast nicht mehr."

,,Freilich. Der König hat uns aufgetragen, seinen Knechten, die hier durchziehen, in jeder Weise behilflich zu sein. Kommt mit uns, wir wollen für euch sorgen."

So geleiteten denn die Hirten Erkenntnis, Erfahrung, Aufmerksamkeit und Aufrichtig die Jungen zu ihren eigenen Zelten. Sie brachten ihnen Wasser, um sich zu waschen, und eine reichliche Mahlzeit. Als sie sahen, wie erschöpft sie waren, richtete Aufmerksam ihnen ein Nachtlager.

Hoffnungsvoll und Jungchrist schliefen herrlich die ganze Nacht und erwachten am nächsten Morgen erfrischt und neugestärkt.

37. Kapitel

Der Irrtumsfelsen und der Warnungsgipfel

Am folgenden Tag, als die Pilger aufbrechen wollten, machten die Hirten ihnen den Vorschlag, zuvor einen Ausflug mit ihnen zu unternehmen.

Hoffnungsvoll und Jungchrist sagten mit Freuden zu.

So wanderten sie denn alle miteinander über saftgrüne Halden und folgten reizvollen Bergpfaden.

,,Für Fremde ist es gewagt, allein hier im Gebirge zu wandern", sagte Erkenntnis, ,,aber manchmal erlaubt uns der König, unsere Gäste zu führen, um ihnen die Aussicht auf die himmlische Stadt zu zeigen."

Auf einem nicht ungefährlichen Felsenpfad kletterten sie einen abschüssigen Hang hinauf. Die beiden Jungen waren froh, daß die Hirten sie fest an der Hand hielten, denn vom Gipfel fiel eine Felswand senkrecht in ein tiefes Tal ab, auf dessen Grund eine Menge lebloser Körper zu erkennen waren.

,,Sind all diese Leute hier hinuntergestürzt?" fragte Jungchrist entsetzt.

,,Ja", erwiderten die Hirten. ,,Wir stehen nämlich auf dem Irrtumsfelsen. Wer den Weg des Königs verläßt und sich allein in die Berge wagt, steigt oft bis hier herauf, weil er eine schöne Aussicht erwartet. Wenn er aber hinunterblickt, erfaßt ihn ein Schwindel; er fällt und stürzt zu Tode."

Anschließend führten die Hirten die Jungen auf eine andere Höhe, Warnungsgipfel genannt. Von dort aus konnte man eine weite Ebene überblicken, in der eine große Anzahl Männer, Frauen und Kinder nach allen Richtungen durcheinanderliefen. Aber sie bewegten sich auf merkwürdige Weise: sie hielten die Hände vor sich ausgestreckt, als müßten sie abtasten, was vor ihnen liege, und sie schwankten hin und her.

,,Sind sie blind?" fragte Jungchrist.

Erfahrung bejahte es, und Aufmerksam fügte an: ,,Habt ihr nicht links von der Straße, in einiger Entfernung von unsern Bergen, einen Zaun bemerkt?"

,,Doch, ja", sagte Jungchrist.

,,Jenseits dieses Zaunes führt ein Weg zu einer Burg, auf der ein Riese namens Verzweiflung haust. Leider kommt es oft vor, daß Pilger das Grundstück des Riesen betreten, weil ihnen das Gehen dort leicht fällt, während der königliche Weg außerhalb des Zauns recht steinig ist.

Fast immer verirren sie sich, und früher oder später ergreift sie der Riese und schließt sie in seine Festung ein. Dort quält er sie, und falls er sie nicht tötet, sticht er ihnen die Augen aus und läßt sie dann auf dieser Ebene frei, wo sie bis zu ihrem Tode umherirren."

Hoffnungsvoll und Jungchrist tauschten einen vielsagenden Blick aus, schwiegen aber still. Sie dachten, daß das auch ihr Los geworden wäre, hätte der Schlüssel der Verheißung ihnen nicht den Weg in die Freiheit geöffnet!

Die Hirten wählten den Abstieg, der am weitesten vom Weg des Königs entfernt war. Bald gelangten sie an eine Stelle, die Jungchrist lebhaft an den Eingang zum finsteren Tal erinnerte. Große, überhängende Felsblöcke verdunkelten die Straße, und ein dichter Nebel hinderte die Sicht.

„Das ist auch eine Stelle, wo man sehr leicht fehlgeht", sagte Erkenntnis. „Dieser finstere Engpaß mündet ins Land des bösen Fürsten. Wer hineintappt, kehrt nie mehr zurück."

Begreiflicherweise gaben diese Dinge den Pilgern viel zu denken.

Doch später erklärte Jungchrist: „Ich bin froh, daß wir alles gesehen haben, obwohl es einem Angst machen könnte. In Zukunft werden wir noch vorsichtiger sein, nicht wahr, Hoffnungsvoll?"

38. Kapitel

Leichtsinnig

Zu guter Letzt führten die Hirten ihre Gäste auf den Gipfel des hohen Berges mit Namen Hellberg. Hier bot sich ihnen eine prächtige Weitsicht. Fern am Horizont war solch ein Glänzen und Flimmern, daß die Jungen ganz geblendet waren.

,,Mitten in diesem Licht liegt die himmlische Stadt", sagte einer der Hirten. ,,Wenn ihr gute Augen habt, könnt ihr die Tore erkennen."

Aber die Leuchtkraft dieses lodernden Feuermeers war stärker als das Licht der Sonne, wenn sie im Zenit steht. Kein menschliches Auge konnte sie ertragen.

,,Ich sehe nur, daß es leuchtet", gestand Jungchrist.

,,Es ist zu hell für euch", sagte Aufrichtig. ,,Aber wir haben ein Fernglas namens Glaube. Damit könnt ihr die Einzelheiten besser unterscheiden."

Jungchrist griff nach dem Glas. Aber der Gedanke, des Königs Stadt, nach der er sich so oft gesehnt hatte, nun wirklich zu sehen, ließ seine Hand zittern, so daß er das Fernglas nicht stillhalten konnte. Hoffnungsvoll versuchte es ebenfalls, aber die Erregung hinderte ihn ebenfalls daran.

,,Es blendet mich", sagte er, ,,aber ich glaube fast, ich kann ein goldenes Tor sehen."

Der Ausflug in die Berge hatte den ganzen Vormittag ausgefüllt. Die Hirten brachten die beiden Wanderer zu den Zelten zurück und überredeten sie, etwas auszuruhen, bevor sie endgültig aufbrachen.

,,Wahrscheinlich werdet ihr auf eurer weiteren Reise einen Mann antreffen", erklärte Erfahrung. ,,Er heißt Schmeichler und wird versuchen, euch von der königlichen Straße wegzulocken. Hört nicht auf ihn!"

Aufmerksam warnte sie, daß sie binnen kurzem auf den Zaubergrund gelangen würden.

,,Dieses Gelände gehört zum Gebiet des bösen Fürsten. Die Luft ist dort so mild, daß sie die Pilger einschläfert. Paßt gut auf, daß der Schlaf euch nicht übermannt! Die Untertanen des bösen Fürsten würden euch bald finden und gefangennehmen."

,,Nehmt das mit", sprach Erkenntnis und reichte Jungchrist eine kleine Landkarte. ,,Darauf sind die Orte eingezeichnet, durch die ihr gehen müßt. Wenn ihr die Karte sorgfältig lest, könnt ihr euch nicht verirren."

Nach dem Abschied von den Hirten unterhielten sich

die beiden Jungen noch lange über alles, was die Männer ihnen gezeigt hatten.

„Hätte ich doch die himmlische Stadt anschauen können!" seufzte Jungchrist.

„Wir haben ihre Herrlichkeit gesehen", ermunterte ihn Hoffnungsvoll. „Und wenigstens wissen wir jetzt, daß sie nicht mehr fern ist."

Am Fuß der Gebirgskette schwenkte ein schmaler, gewundener Pfad vom Land der Selbstgefälligkeit in den Weg des Königs ein. Gerade als Hoffnungsvoll und Jungchrist dort vorbeikamen, lief ein Junge aus jener Richtung auf sie zu.

„Woher kommst du?" fragte Jungchrist.

„Vom Land hinter den Bergen", erwiderte er. „Ich gehe zur himmlischen Stadt."

„Meinst du, man werde dich einlassen?"

„Warum nicht? Jedermann kommt hinein."

„Nein, nicht jedermann. Wir werden unsere Rollen vorweisen müssen. Hast du eine?"

„Nein, wozu auch? Ich bin ein Diener des Königs, denn ich tue immer, was er mir befiehlt. Ich habe gehört, daß er gesagt hat, jedermann solle sein Land verlassen, um in die Stadt zu kommen, wo er wohnt. Da habe ich mich aufgemacht, genauso wie ihr."

Jungchrist ließ sich nicht beirren:

„Die Pilger des Königs müssen durch die enge Pforte eingehen und vor dem Kreuz haltmachen. Dann bringen ihnen die Engel weiße Kleider und eine Rolle. Hast du das nicht gewußt?"

‚Mach doch keine solchen Geschichten!" sagte der Junge, dessen Name Leichtsinnig war. „Ich weiß nicht, woher ihr kommt, aber ich stell mir vor, ihr habt nahe bei der Pforte gewohnt, und da paßte es euch halt, hindurchzugehen. Von uns aus ist es zu weit bis dorthin, und es würde keinem Menschen einfallen, solch einen Umweg zu machen. Wahrscheinlich kennt überhaupt niemand den Weg. Dieser dagegen führt uns schön rasch auf die richtige Straße und kürzt unsere Wanderung ab."

Jungchrist wußte nicht recht, was er darauf antworten sollte, und da Leichtsinnig eben anhielt, um Früchte zu pflücken, ließen die beiden Pilger ihn stehen, und er versuchte nicht, sie einzuholen.

Hoffnungsvoll meinte zwar: ,,Sollten wir nicht auf ihn warten?"

Aber Jungchrist entgegnete: ,,Ich glaube nicht. Vielleicht kommt er uns später nach."

39. Kapitel

Die Geschichte von Kleinglauben

Nach einiger Zeit kam den beiden Pilgern ein Trupp Soldaten in dunklen Rüstungen entgegen, die sehr verschieden waren vom funkelnden Panzer, den Jungchrist trug. Die Wanderer errieten gleich, daß sie es mit Kriegern der Armee des bösen Fürsten zu tun hatten, und fürchteten sich sehr. Trotzdem gingen sie unentwegt weiter.

Als die Soldaten näherrückten, sahen die Jungen, daß sie einen Gefangenen in ihrer Mitte führten und daß dieser ein Pilger des Königs war. Man erkannte ihn an seinen Kleidern. Die Soldaten eilten mit ihm vorbei und beachteten die Jungen gar nicht. Der Pilger aber ließ den Kopf hängen, denn er schämte sich vor den beiden Wanderern.

Früher, da hatte er den König liebgehabt und war beinahe bis zu den Toren der himmlischen Stadt vorgedrungen. Aber eines Tages hatte er den geraden Weg verlassen und die Bekanntschaft von Anhängern des bösen Fürsten gemacht. Diese waren so liebenswürdig zu ihm gewesen, daß er bei ihnen geblieben war. Nach und nach hatte er seinen guten König vergessen und die Gewohnheit verloren, ihm zu gehorchen. Seine blinkende Rüstung wurde rostig, seine Kleider schäbig, seine Rolle ging verloren. Kurz, keiner hätte ihm mehr ansehen können, daß er einst dem König gedient hatte.

Eines Tages aber rief ihm irgend etwas die himmlische Stadt in Erinnerung. Er fing an, seine Lebensweise zu bereuen und sich zu fragen, ob der König ihm wohl vergeben würde. Er verließ seine Freunde und versuchte, zum Weg des Königs zurückzufinden. Doch der böse Fürst hörte von seinem Weggang und schickte sogleich einen Trupp Soldaten auf seine Spur. Der unglückliche Pilger zog sein Schwert, um sich zu verteidigen, aber – welch ein Schreck! – die stumpf gewordene Waffe war unbrauchbar. Die Krieger banden ihn mit Ketten, und jetzt brachten sie ihn ins Land des bösen Fürsten zurück.

Jungchrist und Hoffnungsvoll waren zwar überglücklich, daß die Soldaten sie nicht beachtet hatten, aber der Schmerz des Gefangenen tat ihnen in der Seele weh.

„Das erinnert mich an eine Geschichte, die ich auf Schloß Prachtvoll gelesen habe", sagte Jungchrist im Weitergehen. „Es ist die Geschichte von Kleinglauben, der nicht weit von hier entfernt in die Hände der Räuber fiel. Ich glaube fast, die Leute des bösen Fürsten kommen recht oft in diese Gegend. Wir wollen daher besonders gut aufpassen, nicht wahr?"

„Du wolltest mir von Kleinglauben erzählen", erinnerte ihn Hoffnungsvoll. „Wie ist es ihm ergangen?"

„Nun, er war sehr müde und setzte sich ins Gras, um auszuruhen. Und dann schlief er natürlich ein. Es war an einer Wegkreuzung, wie es hier manche hat. Er hätte sich dort nicht aufhalten sollen. Drei Lausbuben, die in der Nähe spielten, fanden, es sei eine gute Gelegenheit, um ihn auszurauben. Ich glaube, die Lümmel hießen Angsthase, Glaubenslos und Schuldbeladen. Im Augenblick, da sie sich auf ihn stürzten, erwachte Kleinglaube. Aber es war zu spät, um nach dem Schwert zu greifen. Sie warfen ihn zu Boden, schlugen ihn erbarmungslos und nahmen ihm alles Geld ab, das er bei sich hatte. Wahrscheinlich hätten sie ihn sogar umgebracht, wenn sie nicht auf einmal gemeint hätten, es komme jemand."

,,Wer war es?"

,,Niemand. Aber weil sie wußten, daß sie etwas Böses taten, hatten sie Angst. Nicht weit von hier liegt nämlich das hübsche Dorf Zuversicht, in dem Gnadengroß, ein Hauptmann des Königs, wohnt. Die Burschen bildeten sich ein, man hätte sie beobachtet, und flohen deshalb Hals über Kopf davon."

,,Und Kleinglaube? Was ist aus ihm geworden? War er schwer verletzt?"

,,Ja, das schon. Aber seine Rolle hatten die Diebe glücklicherweise nicht mitgenommen. Das war ihm ein Trost. Nach einer Weile gelang es ihm, aufzustehen und seine Reise fortzusetzen."

40. Kapitel

Schmeichler und sein Netz

Inzwischen waren die Jungen an eine Stelle gekommen, wo der Weg sich verzweigte, und zwar so, daß es sehr schwierig war, herauszufinden, welcher von den beiden Wegen der königliche war. Stand man auf der linken Straßenseite, so schien der linke Weg vollkommen geradlinig zu verlaufen. Stand man auf der rechten Seite, so sah der rechte Weg ebenso gerade aus.

,,Ich weiß wirklich nicht, welches der richtige ist!" sagte Jungchrist.

Hätten die beiden Jungen die Landkarte, die sie von den Hirten erhalten hatten, zu Rate gezogen, sie hätten sofort Bescheid gewußt. Aber sie dachten nicht daran und verloren viel Zeit, von einer Seite auf die andere zu laufen, ohne jedoch klüger zu werden.

Auf einmal kam ein Mann daher. Sein Gesicht war finster und häßlich, aber er trug ein weißes Kleid, so daß die beiden ihn für einen Pilger hielten.

,,Was wollt ihr?" fragte er. ,,Sucht ihr etwas?"

,,Wir gehen zur himmlischen Stadt", erwiderte Jungchrist. ,,Und nun wissen wir gar nicht, welcher von diesen beiden Wegen dorthin führt."

Der Mann lachte.

,,Ist das alles, was euch plagt? Dann ist die Sache ganz einfach. Ich bin selbst unterwegs nach der himmlischen Stadt. Ihr braucht mir nur zu folgen."

Da taten Jungchrist und Hoffnungsvoll etwas sehr Gefährliches: ohne sich zu versichern, ob der Mann wirklich ein rechter Pilger wäre, gingen sie seelenruhig hinter ihm her. Allerdings dauerte es nicht lange, bis sie merkten, daß etwas nicht stimmte. Anstatt der himmlischen Stadt näher zu kommen, lagen die Berge der Freude wieder vor ihnen.

,,Das ist ja gar nicht der richtige Weg!" rief Jungchrist plötzlich aus.

Hoffnungsvoll stand sogleich still.

,,Meinst du?" fragte er erschrocken.

,,Ganz bestimmt nicht. Wir sollten in der entgegengesetzten Richtung gehen. Schau doch nur! Die Berge, die du vor dir siehst, sind jene, auf denen wir heute vormittag gestanden haben."

,,Dann hat uns der Mann angeschwindelt. Was sollen wir nur machen?"

,,Umkehren."

,,Und wenn er uns nachläuft? Vielleicht tötet er uns! Er ist bestimmt kein rechter Pilger."

,,Ich weiß es nicht. Wären wir ihm doch nie gefolgt! Komm, wir rennen!"

Im selben Augenblick wandte sich auch der Mann um, und bevor die Jungen wußten, wie ihnen geschah, warf er ein großes Netz über sie, in dem sie sich hoffnungslos verfingen. Sie fielen zu Boden und schrien laut um Hilfe. Aber der Mann lachte nur und ging davon. Dabei glitt ihm das weiße Gewand von den Schultern, und die Kinder erkannten, daß er im Dienst des bösen Fürsten stand und sich bloß verkleidet hatte, um sie besser täuschen zu können.

Jungchrist und Hoffnungsvoll machten verzweifelt Anstrengungen, um sich aus dem Netze zu befreien, aber umsonst. Je mehr sie zappelten, desto mehr verstrickten sie sich in den Maschen. Zuletzt blieben sie regungslos liegen und fragten sich besorgt, wie das ausgehen sollte.

„Der Mann heißt sicher Schmeichler", sagte Jungchrist. „Die Hirten hatten uns doch so sehr vor ihm gewarnt!"

„Ja, und die Karte, die sie uns gegeben haben, die haben wir nicht einmal angeschaut!"

„Was sind wir für schlechte Pilger!" erkannte Jungchrist. „Ständig tun wir etwas Böses. Hoffentlich rettet uns der König noch dies eine Mal! Dann machen wir bestimmt nie mehr etwas verkehrt."

41. Kapitel

Der leuchtende Befreier

Allmählich fürchteten die jungen Pilger, sie müßten die Nacht im Netz des Schmeichlers zubringen.

„Und wer weiß?" sagte Jungchrist. „Vielleicht hat er inzwischen alles dem bösen Fürsten erzählt, und der schickt seine Soldaten, um uns zu holen."

Als sie beim Dunkelwerden Schritte hörten, die sich näherten, fürchteten sie sich noch mehr. Aber es kam ein einzelner Mann daher, und an seinem leuchtenden Gewand und seinen edlen Gesichtszügen erkannten die Kinder augenblicklich, daß er ein wahrer Diener des Königs sein mußte.

„Was ist denn hier geschehen?" fragte er.

„Wir waren so unsicher, welches der richtige Weg sei,

und dann kam ein Mann, der sagte, er gehe auch zur himmlischen Stadt. Er trug ein weißes Kleid, darum meinten wir, er wäre ein Pilger, und folgten ihm."

„Das war der Schmeichler", sagte der Gesandte des Königs. Und er riß das Netz entzwei. Jungchrist und Hoffnungsvoll standen auf und blieben mit hängenden Köpfen stehen, um zu hören, was sie tun sollten. Der Bote des Königs musterte sie mit ernstem Blick, und Jungchrist erinnerte sich, daß der Evangelist ihn in derselben Weise angeschaut hatte, als er ihn bei den schrecklichen Felsen gefunden hatte.

Die leuchtende Gestalt wandte sich dem königlichen Weg zu und bedeutete den beiden, ihm zu folgen. Als sie auf der rechten Straße standen, hielt er an und fragte:

„Wo habt ihr gestern übernachtet?"

„Bei den Hirten auf dem Berg."

„Haben sie euch keine Landkarte mitgegeben?"

„Doch", erwiderten die beiden und senkten beschämt den Blick.

„Habt ihr sie hervorgenommen, als ihr unsicher wart?" „Nein", murmelte Hoffnungsvoll, und Jungchrist bekannte: „Wir haben zu spät daran gedacht."

„Und was haben euch die Hirten sonst noch gesagt? Haben sie euch nicht vor dem Schmeichler gewarnt?"

„Sie sagten, wir sollten nicht auf ihn hören."

„Und ihr habt trotzdem auf ihn gehört? Wie kam das?"

„Wir haben nicht gedacht, daß dieser Mann der Schmeichler sein könnte."

Liebevoll legte der leuchtende Bote ihnen die Hände auf die Schultern und fragte sie: „Ihr habt sehr leichtfertig gehandelt. Aber es tut euch wohl leid?"

„Ja sehr!" betonte Jungchrist. „Und übrigens ist es vor allem meine Schuld."

„Ihr habt beide unrecht getan. Wenn der König mich nicht zu euch gesandt hätte, würde der böse Fürst euch jetzt wohl gefangennehmen und vielleicht hinrichten."

Der König hatte zwar seinen Boten ausgesandt, um die

Jungen zu befreien und auf den rechten Weg zurückzubringen, aber er war nicht zufrieden mit ihnen und hatte dem Boten befohlen, sie zu bestrafen. Deshalb fuhr der leuchtende Bote fort:

„Der König vergibt euch. Ich darf euch jedoch nicht ohne Strafe ausgehen lassen. Ihr seid nun schon längere Zeit in seinem Dienst, und ihr hättet euch nicht verlaufen, wenn ihr den Hirten gehorcht hättet."

Nun erst bemerkten die Jungen, daß der Leuchtende eine Geißel in der Hand hielt. Damit schlug er sie mehrere Male. Die Streiche taten ihnen sehr weh, aber sie wußten, daß sie die Strafe verdient hatten.

Dann sprach der leuchtende Bote nochmals:

„Der König wird eures Ungehorsams nicht mehr gedenken. Unser geliebter Königssohn ist auch einmal ein Pilger gewesen, und er hat die Gefahren und Schwierigkeiten des Weges nicht vergessen. Er wacht immer über euch, und wenn ihr unrecht tut, bittet er seinen Vater, euch ihm zuliebe zu vergeben."

42. Kapitel

Unglaube

Nachdem der leuchtende Bote sie verlassen hatte, begegneten die Pilger einige Tage weder Freund noch Feind. Sie wanderten jetzt durch eine große Ebene, die sich von den Bergen der Freude bis zu einer prächtigen Gegend erstreckte, die auf der Landkarte als „Wonneland" eingezeichnet war. Ein Stück dieser Ebene hieß der Zaubergrund, und Hoffnungsvoll erinnerte Jungchrist daran, daß die Hirten sie gewarnt hatten, hier einzuschlafen.

„Ich hab es nicht vergessen", sagte Jungchrist. „Aber ich bin froh, daß du auch daran denkst. Nachdem wir so weit gekommen sind, wäre es schrecklich, als Gefangene weggeschleppt zu werden wie jener Unglückliche, den wir kürzlich trafen."

„Auf alle Fälle hören wir auf keinen Schmeichler mehr! Schau einmal, geht dort nicht jemand?"

„Jawohl. Und er kehrt der Gottesstadt den Rücken. Er kommt uns entgegen."

„Es ist aber kein leuchtender Bote", flüsterte Hoffnungsvoll, als der Wanderer näher gekommen war. „Er trägt ein Pilgerkleid. Aber warum geht er wohl in dieser Richtung?"

Der Mann (sein Name war Unglaube) hielt die Jungen an und fragte sie nach ihrem Woher und Wohin. Er hatte etwas Gewinnendes an sich, und seine Stimme klang sanft. Trotzdem merkten die beiden, daß sie ihm nicht trauen durften.

„Wir gehen zur himmlischen Stadt, zur Königsstadt", antwortete Jungchrist.

Unglaube lachte laut auf.

„Ihr armen Kerle", rief er. „Seid ihr wirklich so weit gereist, ohne die Wahrheit herauszufinden?"

„Welche Wahrheit?" fragte Hoffnungsvoll.

„Die Reise ist an sich schon mühsam, und wenn ihr erst ans Ziel kommt, werdet ihr um so enttäuschter sein."

„Wieso das?"

Unglaube versuchte, traurig dreinzuschauen.

„Es gibt keinen König... und keine himmlische Stadt."

„Doch!" rief Jungchrist. „Die Gesandten des Königs haben uns selber davon erzählt."

Unglaube legte ihm die Hand auf die Schulter und versuchte, seinen Kopf herumzuwenden.

„Mein Freund, du bist noch jung. Ich aber bin beinahe ein alter Mann. Hör mich an! Vor langer Zeit hat man mir genau die gleiche Geschichte erzählt wie dir. Da bin ich von zu Hause aufgebrochen und habe mich auf die Suche nach der himmlischen Stadt gemacht."

Und nun kommen Sie bald dort an, nicht wahr?" unterbrach ihn Jungchrist.

,,Nein", entgegnete Unglaube. ,,Ich bin zwar viel weiter vorgedrungen als ihr. Zwanzig Jahre lang bin ich ein Pilger gewesen. Aber eine himmlische Stadt kann ich nirgends finden!"

Tief beeindruckt wandte Jungchrist sich an seinen Freund. ,,Glaubst du, daß er die Wahrheit sagt?"

,,Nein, bestimmt nicht!" rief Hoffnungsvoll. ,,Hör doch nicht auf ihn! Wir haben die Gottesstadt ja von den Bergen aus gesehen. Komm schnell, sonst muß uns der leuchtende Bote nochmals strafen!"

Gespannt beobachtete Unglaube die beiden Jungen.

,,Kommt mit mir", sagte er, ,,ich werde euch nach Hause begleiten."

Aber Jungchrist entgegnete ihm:

,,Sie versuchen uns zu täuschen, aber wir glauben nicht, was Sie uns sagen. Wir sind fest überzeugt, daß das Wort des Königs wahr ist und daß es eine himmlische Stadt gibt. Als wir bei den Hirten waren, haben wir ihre Tore gesehen."

Unglaube schüttelte den Kopf.

,,Ihr seid auf dem Holzweg. Aber macht, was ihr wollt! Geht nur die Stadt suchen, die es nicht gibt! Ich kehre in mein Land zurück."

,,Und wir, wir gehen zum König."

Schnell gingen die Jungen davon, und noch lange konnten sie hinter sich das Gekicher des Mannes hören.

43. Kapitel

Der Zaubergrund

Später am Tag führte der Pilgerweg durch den Zaubergrund. Das war eine reizende Landschaft, so windgeschützt, daß das Klima immer mild war. Die Bäche flossen ruhig dahin; ein sanftes Lüftchen bewegte kaum merklich das Blätterwerk der Bäume. Alles atmete Ruhe und Glück. Nur waren die Wiesen nicht eingezäunt wie im Tal des Friedens; deshalb durften die Pilger des Königs hier weder ruhen noch schlafen. Es wäre gefährlich gewesen. Oft versteckten sich nämlich Spione des bösen Fürsten im Gebüsch. Wenn sie einen Pilger schlafend fanden, raubten sie ihn aus oder versuchten, ihn gefangenzunehmen.

Es dauerte nicht lange, da rief Hoffnungsvoll aus:

,,Du liebe Zeit, bin ich schläfrig! Immer wieder fallen mir die Augen zu. Laß uns doch ein bißchen ausruhen!"

,,Nicht hier", entgegnete Jungchrist energisch und zwickte seinen Gefährten in den Arm. ,,Hoffnungsvoll, weißt du denn nicht, wo wir sind?"

,,Schau doch", sagte Hoffnungsvoll schläfrig, ,,es ist kein Mensch da, der uns etwas antun könnte. Ich will bloß ein paar Minuten schlafen, du brauchst nicht auf mich zu warten."

Und damit warf er sich ins Gras. Aber Jungchrist zerrte ihn hoch, und diesmal schüttelte er ihn heftig.

,,Was fällt dir ein?" schalt er. ,,Weißt du nicht mehr, was die Hirten uns gesagt haben?" Und er ruhte nicht eher, bis Hoffnungsvoll gründlich wach war.

Da war es an ihm zu erschrecken: ,,Was wäre ohne dich aus mir geworden? Ich wäre bestimmt eingeschlafen. In meinem Leben bin ich nie so müde gewesen."

,,Ich fing auch an, schläfrig zu werden", erwiderte Jungchrist. ,,Aber weil ich dich schütteln mußte, bin ich wieder wach geworden. Wir wollen dankbar sein, daß wir zu zweit sind. Komm, laß uns über etwas Interessantes reden, damit die Lust zum Schlafen uns ganz vergeht. Du hast mir ja noch gar nie erzählt, wie du dazu gekommen bist, ein Pilger zu werden!"

,,Also, paß auf! Ich bin vor dir aufgebrochen. Getreu war ein Freund von mir, und wenn der Evangelist mit ihm sprach, kam er nachher immer zu mir und erzählte, was er über den König gehört hatte. Am Anfang sagte es mir nicht viel. Aber mit der Zeit überlegte ich, daß es sicher schön wäre, in der himmlischen Stadt zu wohnen. Und eines Tages bin ich zur engen Pforte gelaufen und habe meine Reise angetreten. Als ich zum Eitelkeitsmarkt gekommen bin, habe ich ein wenig mit den Jungen gespielt, und schließlich haben sie mich überredet, bei ihnen zu bleiben."

„Hat es dir dort wirklich gefallen?"

„Nein. Das heißt, manchmal war es ganz lustig, aber oft war ich traurig und unglücklich. Jedesmal, wenn Pilger vorbeikamen, fürchtete ich, sie könnten mich erkennen. Dann bist du mit Getreu gekommen."

„Bist du dabeigewesen, als man uns geschlagen hat?"

„Ja, und auch, als man euch in den eisernen Käfig gesperrt hat. Einmal bin ich ganz nahe an das Gitter herangeschlichen. Ich glaube, du hast geschlafen. Aber Getreu hat mich erkannt und mit mir gesprochen."

„Was hat er dir gesagt?"

„Er hat mich inständig gebeten, sofort die Stadt zu verlassen. Er meinte, der König werde mir bestimmt um seines Sohnes willen vergeben. Später habe ich das Furchtbare mitangesehen. Ich wußte, daß Getreu alles ertragen konnte, weil er den König liebhatte. Da hab ich mich entschlossen, sobald man dich freiläßt, dich zu fragen, ob ich mit dir gehen könnte."

„Ich bin froh, daß du gekommen bist", erwiderte Jungchrist. „Es ist miteinander viel schöner!"

„Und ob! Jetzt bin ich überzeugt, daß der König mich liebt. Und bald werden wir beide in Sicherheit sein in seiner herrlichen Stadt."

44. Kapitel

Die Pilger warten auf Leichtsinnig

Mittlerweile schlenderte Leichtsinnig dahin, wie es ihm gerade paßte. Schmeichler und Unglaube kümmerten sich nicht um ihn. Sie wußten, er hatte seine Reise nicht ordnungsgemäß angetreten und an den Toren der Gottesstadt würden ihn die Diener des Königs nicht einlassen, sondern an seinen Herrn, den bösen Fürsten, zurückschicken. So zog Leichtsinnig ohne Gefahren und Hindernisse seine Straße. Und im Zaubergrund mußte er nicht einmal gegen den Schlaf kämpfen.

Hoffnungsvoll und Jungchrist dachten bisweilen an ihn und fragten sich, was aus ihm geworden sei. Da merkte Hoffnungsvoll plötzlich, daß er ihnen in geringer Entfernung folgte, und fragte seinen Gefährten:

„Sollen wir auf ihn warten?"

„Ich denke, ja. Falls er schläfrig wird, können wir ihn wachhalten."

Sie hielten an. Leichtsinnig sah sie zwar, aber er beeilte sich nicht. Als er sie endlich erreichte, schlug Jungchrist vor:

„Willst du mit uns kommen, anstatt so allein zu gehen?"

„Wie ihr wollt, mir ist's egal", erwiderte Leichtsinnig. „Mir macht das Alleinsein nichts. Ich habe immer so viel zu denken."

„Woran denkst du denn?" fragte Hoffnungsvoll.

„An den König und die himmlische Stadt."

„Es genügt aber nicht, daran zu denken", sagte Jungchrist. „Wir müssen ihn und seine Stadt auch wirklich sehen wollen."

„Das will ich doch auch!"

„Warum gehst du denn so langsam?"

,,So langsam? Ich gehe doch schnell genug. Eines Tages komme ich sowieso zur Stadt. Warum sollte ich es mir unterdessen nicht gemütlich machen?"

,,Wenn du so unbekümmert bist, könntest du, ohne daß du's merkst, in Gefahr geraten."

,,Ja? Dann wird mir der König helfen."

,,Der König hilft dir nur, wenn du ihm auch gehorchst", sagte Hoffnungsvoll, der sich Rechenschaft gab, daß Leichtsinnig sehr wenig vom König und seinen Gesetzen wußte.

,,Ich tue mein Bestes, um ihm zu gehorchen", versicherte der Junge. ,,Ich habe meine Heimat verlassen, um ein Pilger zu werden. Was mehr kann ich tun?"

,,Du bist nicht zum Kreuz gegangen", erwiderte Jungchrist, ,,und ich fürchte sehr, daß die Diener des Königs dich ohne Rolle und Pilgerkleid nicht in die himmlische Stadt einlassen werden."

,,Und ich bin überzeugt, daß du dich irrst", entgegnete Leichtsinnig. ,,Ich weiß, daß der Königssohn jedem ein weißes Kleid geben wird, und jedenfalls wird er mir meines bald schicken. Weshalb sollte ich zur engen Pforte oder unters Kreuz gehen, um es zu holen? Das sähe ja aus, als ob ich den Worten des Königssohnes nicht traute!"

Da fiel Jungchrist der Briefbogen ein, den der Evangelist ihm vor seiner Abreise von Verderben überreicht hatte. Wer weiß, vielleicht besaß Leichtsinnig auch einen solchen?

Er erkundigte sich: ,,Hat der König dir auch eine Botschaft geschickt?"

,,Der König? Mir? Wo denkst du hin! Wie sollte ein so großer König einem ganz gewöhnlichen Jungen eine Botschaft schicken?"

Jungchrist wurde immer unruhiger.

,,Ich weiß nicht mehr, was sagen", murmelte er. ,,Ich bin überzeugt, daß er im Unrecht ist, aber er will ja nicht auf uns hören."

Leichtsinnig hatte genug von dieser Unterhaltung; er

schützte Müdigkeit vor, um zurückbleiben zu können.

,,Ihr geht mir wirklich zu schnell", seufzte er. ,,Laßt mich lieber allein!"

Da Jungchrist und Hoffnungsvoll einsehen mußten, daß alles Reden umsonst war, gingen sie weiter und ließen Leichtsinnig folgen, wie es ihm beliebte.

45. Kapitel

Das Wonneland

Auf den Zaubergrund folgte das Wonneland. Es war die schönste Gegend, die die Pilger je gesehen hatten. An allen Hängen wuchsen Obstbäume. Die Täler grünten und blühten in allen Farben. In der Ferne strahlte das helle Licht, das die Kinder von den Bergen der Freude aus gesehen hatten, und je mehr ihre Augen sich daran gewöhnten, desto besser konnten sie die Mauern und Tore der Gottesstadt unterscheiden.

Der böse Fürst und seine Krieger drangen nie ins Wonneland ein. Die Einwohner waren durchwegs wahre Anhänger des Königs und bereiteten den beiden Jungen einen überaus freundlichen Empfang. Sie sprachen:

,,Eure Nöte sind zu Ende. Ihr dürft hierbleiben und das Leben in diesem schönen Lande genießen, bis der König euch rufen läßt."

,,Wird das bald sein?" fragte Jungchrist.

,,Das können wir nicht sagen. Manche Pilger leben jahrelang im Frieden unter uns. Einigen gibt der König auch in den Ländern des bösen Fürsten eine Aufgabe zu erfüllen. Aber am Ende wird jeder von uns in die himmlische Stadt aufgenommen, um in alle Ewigkeit in der Gegenwart des Königs zu leben."

,,Ich weiß", sagte Jungchrist. ,,Als Helfer mich aus

dem Sumpf zog, hat er mir erzählt, er sei bis zum Eingang der Stadt gekommen, dann aber habe der König ihm einen Auftrag gegeben, und erst, wenn dieser ausgeführt sei, werde er in der Gottesstadt wohnen dürfen."

Bergauf und bergab, durch blühende Täler und schattige Wälder spazierte Jungchrist mit Hoffnungsvoll und fragte sich dabei, ob nicht seine geliebte Mutter ebenfalls hier im Wonneland wohne. Aufmerksam musterte er jede Frau, die ihnen begegnete. Aber keine glich dem Bild seiner Mutter, das sich tief in sein Gedächtnis eingegraben hatte.

,,Die Boten des Königs werden sie bereits abgeholt haben. Wie freue ich mich, sie bald zu sehen!"

In stiller Freude glitten die Tage dahin. Eines Morgens entdeckten die Jungen ein Tal, in dem Gärten und Weinberge einander ablösten. Alle Gartentore standen weit offen, und als die beiden anhielten, um die Bäume und Blumenbeete zu bewundern, rief ihnen ein Gärtner zu: ,,Kommt nur herein! Diese Anlagen gehören dem König, und seine Untertanen dürfen darin spazierengehen, soviel sie wollen."

Er führte sie selbst durch die wunderschönen Gärten. Bevor er sich am späten Nachmittag von ihnen verabschiedete, zeigte er ihnen einen lauschigen Winkel, wo sie sich hinlegen und in völliger Geborgenheit die Nacht zubringen konnten.

Während sie glücklich in die sinkende Sonne schauten, meinte Jungchrist:

,,Wie gut, daß wir so weit gekommen sind! Mir ist, ich vergesse bereits, wieviel Schwierigkeiten wir unterwegs hatten, bloß, weil es jetzt so schön ist."

,,Und wie froh bin ich, daß ich vom Eitelkeitsmarkt fliehen konnte!" sagte Hoffnungsvoll. ,,Denk doch, wenn ich meine Rolle verloren hätte! Ich kann noch heute nicht begreifen, wieso ich sie nicht verlegt habe."

,,Und zu denken, daß wir nur noch warten müssen, bis der König uns ruft!" fuhr Jungchrist fort. ,,Freilich würde ich gern für ihn arbeiten, wenn er es wollte, aber am allerliebsten ginge ich doch sofort zu ihm."

,,Ich auch", versicherte Hoffnungsvoll, worauf sie sich, wie im Tal des Friedens, nebeneinander hinstreckten und bald zufrieden einschliefen.

46. Kapitel

Der finstere Strom

Das Wonneland lag so nahe an der himmlischen Stadt, daß die leuchtenden Boten es oft aufsuchten. Ihr Antlitz strahlte in herrlichem Glanz, und ihre Kleider waren leuchtend weiß. Häufig überbrachten sie Botschaften des Königs an seine Getreuen, und die jungen Pilger wußten, daß einmal auch für sie eine Botschaft kommen würde.

Am Tag, nachdem sie in den königlichen Anlagen übernachtet hatten, wanderten Hoffnungsvoll und Jungchrist durch die Weinberge. Da sahen sie zwei leuchtende Gestalten auf sich zukommen.

,,Geht ihr zur himmlischen Stadt?"

,,Ja", antworteten die beiden.

Daraufhin stellten ihnen die Boten zahlreiche Fragen. Sie wollten erst von Jungchrist, dann von Hoffnungsvoll wissen, was sie seit ihrem Aufbruch von Verderben erlebt hatten. Jungchrist berichtete von den vielen Gefahren, auf die er gestoßen war, und Hoffnungsvoll gestand, wie er seine Zeit auf dem Eitelkeitsmarkt verloren hatte.

,,Wir haben uns oft schlecht aufgeführt", sagten sie beide. ,,Aber es tut uns aufrichtig leid, und wir haben den König von ganzem Herzen lieb."

,,Er weiß, daß ihr ihn liebhabt", erwiderten die Boten, ,,und er hat euch euren wiederholten Ungehorsam vergeben um seines geliebten Sohnes willen. Nun hat er uns hergeschickt, um euch mitzuteilen, daß er euch in seine Stadt aufzunehmen wünscht."

Bei diesen Worten zersprang Hoffnungsvolls Herz fast

vor Freude. Auch Jungchrist war zutiefst glücklich; aber der Gedanke, vor dem König zu erscheinen, schüchterte ihn ein.

,,Werdet ihr uns begleiten?" fragte er die leuchtenden Boten.

,,Ein Stück weit, ja. Danach werden wir uns an den Toren der Stadt wieder treffen."

Sie forderten die Jungen auf, ihnen zu folgen. Gemeinsam schritten sie aus dem Garten an einen breiten Strom hinunter, dessen Wogen sich trübe und wild daherwälzten. Doch am andern Ufer strahlte in unvergänglichem Glanz die Gottesstadt.

,,Müssen wir in dieses Wasser hinein?" fragte Jungchrist.

,,Ja, ihr müßt durch den Strom gehen", erwiderten die Boten. ,,Aber fürchtet euch nicht! Am jenseitigen Ufer liegt die Stadt. Bald werdet ihr dort sein."

Hoffnungsvoll hob die Augen und schaute über den Fluß. Eine breite Allee führte zu den goldenen Stadttoren hinauf.

,,Jungchrist", sagte er, ,,wie sollten wir uns jetzt noch fürchten? Wir sind ja so nahe bei der Stadt!"

Aber die Furcht hatte Jungchrists Augen verschleiert; er konnte den Glanz nicht sehen. Er schauderte beim Anblick der dunklen Fluten.

Wieder wandte er sich an seine Begleiter: ,,Er sieht so tief aus! Wir werden ja ertrinken..."

,,Nein, ihr werdet den Grund nicht verlieren. Haltet nur eure Augen auf das Licht geheftet, ohne aufs Wasser zu achten, und der König wird euch beistehen."

,,Warum kommt ihr nicht mit uns?" fragte Jungchrist wieder, und Hoffnungsvoll wunderte sich, daß er so bleich und verstört aussah.

,,Wir können nicht mitkommen, aber wir erwarten euch am andern Ufer, um euch beim König einzuführen."

,,Ist meine Mutter durch diesen Strom gegangen?"

,,Ja. Und sie wartet auf dich, Jungchrist. Auf, nur Mut! Denkt doch an alles, was der König schon für euch getan hat, und vertraut ihm jetzt!"

Und damit entfernten sich die leuchtenden Gestalten. Hoffnungsvoll legte den Arm um seinen Freund und bat: „Komm, Jungchrist, das ist unsere letzte Probe. Bald haben wir sie überstanden. Der König wird uns beschützen. Komm!"

Langsam stiegen sie die Böschung hinunter und traten ins Wasser.

47. Kapitel

Leichtsinnig am finstern Strom

Als Leichtsinnig das Wonneland erreichte, empfingen ihn die Einwohner ebenso gütig wie zuvor Hoffnungsvoll und Jungchrist. Aber sie merkten bald, daß er kein wahrer Pilger sein konnte, hatte er doch keine Lust, sich mit ihnen zu unterhalten. So überließen sie ihn sich selbst. Er kam an den königlichen Anlagen vorbei, aber die Gärtner luden ihn nicht ein, hereinzukommen. Die leuchtenden Gestalten sprachen ihn nicht an und überbrachten ihm keine Botschaft des Königs.

Schließlich stieg er ans Ufer des finsteren Stromes hinunter, wo er die Mauern der himmlischen Stadt erblickte. Er wußte, daß seine Reise erst ihren Abschluß finden würde, wenn er am andern Ufer anlangte. Aber wie sollte er hinüberkommen? In seiner Verlegenheit ließ er sich schließlich träge ins Gras fallen.

„Ich werde mich ein bißchen ausruhen", dachte er. „Vielleicht will unterdessen noch jemand hinüber. Ich sehe keine Brücke, folglich muß irgendwo ein Boot sein, das die Reisenden hinüberführt."

In der Tat, es war ein Boot da, nur gehörte es dem bösen Fürsten, und die Pilger machten nie Gebrauch davon. Der Schiffer, Falsche Hoffnung mit Namen, erblickte Leichtsinnig und ruderte auf ihn zu.

„Es wird Zeit, daß du den Strom überquerst", sagte er. „Mein Boot steht zu deiner Verfügung."

Höchst vergnügt sprang Leichtsinnig auf und fragte: „Es ist doch der König, der Sie schickt?"

„Freilich. Stellenweise ist das Wasser nicht sehr tief, und da versuchen manche Pilger, zu Fuß hinüberzukommen. Aber wozu auch? Ich bin immer gerne bereit, sie ans andere Ufer zu rudern."

Falsche Hoffnung streckte Leichtsinnig die Hand entgegen. Er ergriff sie und bestieg das Boot. Mit wenigen kräftigen Ruderschlägen waren sie drüben, und Leichtsinnig sprang ans Ufer.

„Wohin muß ich jetzt gehen?"

Falsche Hoffnung wies mit der Hand auf einen kleinen, gewundenen Pfad und sagte:

„Das ist der beste Weg. Wenn die leuchtenden Gestalten dir entgegengekommen wären, hätten sie dir einen andern, steilen Weg gezeigt. Dieser hier ist leicht und bequem. Steig bis an jenes Stadttor hinauf; dann wirst du keine Mühe haben, den Königspalast zu finden."

Falsche Hoffnung ruderte davon, und Leichtsinnig stieg munter den Hügel hinan in der Richtung der himmlischen Stadt. Er traf keinen Menschen an, und als er ans Tor kam, fand er es verschlossen. Über dem Torbogen aber leuchtete es ihm in goldenen Buchstaben entgegen:

„Selig sind, die seine Gebote halten!"

„Gut", dachte er, „ich habe dem König immer gehorcht."

Leichtsinnig vergaß ganz, daß der König geboten hatte, die Reise bei der engen Pforte zu beginnen und am Kreuz haltzumachen. Er war zwar oft daran gemahnt worden, aber er hatte sich nichts daraus gemacht und damit den Segen des Königs verscherzt.

Er klopfte ans Tor, aber niemand öffnete.

Schließlich erschien ein Diener des Königs auf der Mauerbrüstung und fragte nach seinem Begehr.

„Ich bin ein Pilger", sagte Leichtsinnig. „Ich bin eben über den Fluß gekommen und möchte gern in der himmlischen Stadt wohnen."

,,Gib mir deine Rolle. Ich werde sie meinem Herrn bringen."

Leichtsinnig wußte genau, daß er nie eine Rolle besessen hatte. Trotzdem tat er, als durchsuchte er seine Taschen.

Der Bote des Königs schaute ihm eine Weile schweigend zu, dann erklärte er ernst: ,,Du hast keine Rolle."

Er begab sich zum König, um weitere Befehle einzuholen.

Der arme Leichtsinnig aber stand draußen vor der verschlossenen Tür und begann bitter zu bereuen, daß er so leichtfertig gewesen war, die wiederholten Mahnungen in den Wind zu schlagen.

,,Die Stadt ist wunderbar", überlegte er. ,,Wie gern möchte ich darin wohnen! Aber man wird mich nicht einlassen."

Als der König erfuhr, daß ein Pilger Einlaß begehrte, der weder weiße Kleider noch eine Rolle hatte, sprach er: ,,Ich kenne ihn nicht. Schickt ihn weg!"

Sofort erschienen zwei leuchtende Gestalten, banden dem unglücklichen Leichtsinnig Hände und Füße und trugen ihn ins Land des bösen Fürsten zurück. Der Tyrann freute sich, seinen Untertanen wiederzusehen, und sorgte dafür, daß er nie mehr Gelegenheit hätte, zu entkommen.

,,Es ist einzig und allein deine Schuld", sagte er, als Leichtsinnig hemmungslos weinte. ,,Wenn du wirklich beim König leben wolltest, hättest du dir die Mühe nehmen können, seine Gebote zu befolgen."

48. Kapitel

Am Ziel

Als Jungchrist fühlte, wie die kalten Fluten des finsteren Stromes ihn einschlossen, erschauerte er und rang die

Hände. Hoffnungsvoll hielt sich treu an seiner Seite und versuchte, ihn zu stützen. Aber in seiner Angst bildete Jungchrist sich ein, er versinke, und schrie auf:

„Ich gehe unter! Das Wasser geht mir über den Kopf!"

„Nein, nein", beruhigte ihn Hoffnungsvoll. „Es ist nur etwas bewegt. Hab keine Angst. Ich fühle Grund unter den Füßen. Bald sind wir sicher am andern Ufer, und dann ist alles gut."

„Vielleicht kommst du hin", sagte Jungchrist unglücklich. „Aber du wirst sehen, ich schaffe es nicht. Nie werde ich den König sehen! Und ich wäre doch so gern für immer bei ihm gewesen!"

„Du wirst auch bei ihm sein! Nimm dich zusammen, Jungchrist! Schau hinauf und denke nicht immer an die Fluten. Sieh, wie die Stadt glänzt! Und dort warten schon die Boten auf uns."

„Auf dich, nicht auf mich ...", stöhnte Jungchrist.

Und während er den Kopf auf Hoffnungsvolls Schulter sinken ließ, schien es, als hörte er nichts mehr von dem, was sein Freund ihm sagte. Doch Hoffnungsvoll hielt ihn fest umschlungen und betete inbrünstig zum König, daß er sie beide aus dieser letzten, ernsten Gefahr erlöse.

Auf einmal schlug Jungchrist die Augen auf, denn der Schein der himmlischen Stadt fiel voll auf sein Gesicht.

„Jetzt kann ich es sehen!" rief er aus. „Es ist wie das Licht der Sonne. Und ich kann die Stimme des Königssohnes hören. Er sagt: ‚Wenn du durchs Wasser gehst, werde ich bei dir sein'."

„Dann brauchen wir uns wirklich nicht zu fürchten", bestätigte Hoffnungsvoll. „Der Königssohn hält immer Wort."

Jungchrist hatte seinen ganzen früheren Mut wiedergefunden. Seine Ängste verflüchtigten sich; er hörte auf zu zittern. Die beiden schritten weiter durch den Strom, und bald merkten sie, daß die Wogen weniger hoch gingen und daß der Boden unter ihren Füßen fester wurde. Die leuchtenden Boten, die sie ans Wasser geleitet hatten, standen am Ufer und erwarteten sie. Noch einige Augenblicke, dann lag der schreckliche Durchgang hinter ihnen, und sie standen am sichern Ufer.

Die himmlische Stadt war auf einen Hügel gebaut. Vom Ufer führte eine breite, gerade Allee zu ihr hinauf. Wie Falsche Hoffnung gesagt hatte, war sie steil. Aber Hoffnungsvoll und Jungchrist fanden sie keineswegs beschwerlich, denn die leuchtenden Gestalten hatten sie am Arm gefaßt, so daß sie nicht ausgleiten konnten.

„Wir sind gleich in der Stadt, nicht wahr!" erkundigte sich Jungchrist, der alle seine Befürchtungen und Kümmernisse hinter sich gelassen hatte und sich nicht satt sehen konnte an den Mauern und goldenen Toren, die sich vor ihm erhoben.

„Natürlich. Dort wirst du den König in seiner Schöne sehen, und er wird dich als sein Kind aufnehmen."

„Wird er mir wirklich erlauben, immer bei ihm zu wohnen?"

„Ja, und du wirst nie mehr traurig oder müde sein. Du wirst für den König zu arbeiten haben, aber es wird eine schöne Arbeit sein, die dich nicht müde macht."

„Und ich werde meine Mutter wiedersehen!" jubelte Jungchrist. Denn auch in seiner großen Freude konnte er seine Mutter nicht vergessen und hatte es eilig, sie wiederzusehen.

49. Kapitel

Die himmlische Stadt

Inzwischen waren die beiden der Stadt ganz nahe gekommen, und einige der Diener des Königs, die sie erwarteten, kamen ihnen entgegen.

„Hier bringen wir zwei junge Pilger des Königs heim in die himmlische Stadt", sagten die Boten.

Als Jungchrist näher hinschaute, kam ihm ein Gesicht

leuchtender vor als alle andern; seine Mutter war da und betrachtete ihn strahlend vor Freude.

„Ist das wirklich mein Jungchrist?" fragte sie, während die himmlischen Boten ihr Platz machten. Jungchrist erkannte sie augenblicklich und flog ihr in die Arme.

„Da bin ich, Mutter, da bin ich!" rief er. „Der König hat mich immer behütet, und einmal wird er auch Vater herbringen."

„Nun werde ich dich nie mehr verlieren", sagte die Mutter. „Komm mit mir in die Stadt, wir wollen miteinander dem König danken. Er ist so gut!"

Wie glücklich war Jungchrist, seine Hand in Mutters Hand zu legen und zu wissen, daß sie nun immer bei ihm bleiben würde! Hoffnungsvoll hatte keine Freunde in der Stadt, um ihn willkommen zu heißen, denn sie waren alle in Verderben zurückgeblieben. Aber die leuchtenden Gestalten umgaben ihn mit so viel Liebe, daß er sich nicht einsam fühlen konnte.

Jungchrist hatte seine Rüstung am Ufer des Stromes abgelegt, denn fortan würde er sie nie mehr benötigen.

Am Fuß der Stadtmauer stand eine Schar Männer mit silbernen Posaunen in der Hand, und als die beiden Jungen sich näherten, bliesen sie darein, um dem Volk in der Stadt anzuzeigen, daß neue Pilger angekommen seien und vor den König zu treten wünschten. Die leuchtenden Gestalten befahlen den beiden, an das Stadttor zu pochen. Sie gehorchten, worauf ein königlicher Diener herausschaute, ihre Rollen in Empfang nahm und sie in den Palast trug.

Der König freute sich, als er die Rollen mit dem Siegel seines Sohnes erblickte. Er befahl, daß das Tor augenblicklich geöffnet und die jungen Pilger zu ihm geführt würden.

Als das Volk den Schall der Posaunen hörte, wußte es sogleich, was das zu bedeuten hatte. Bei ihrem Eintritt in die Stadt wurden Hoffnungsvoll und Jungchrist von einer großen Menge mit Willkommensliedern empfangen. Jedermann strahlte; Friede und Freude lagen auf allen Gesichtern. Denn in der himmlischen Stadt gibt es weder Kummer noch Müdigkeit noch Schmerz mehr.

Im ersten Augenblick waren die Jungen wie geblendet von dem strahlenden Glanz, der sie umgab. Allmählich aber gewöhnten sie sich daran und schauten um sich. Vor ihnen, in der Stadtmitte, erhob sich ein Palast von großer Schönheit, prächtiger noch als Schloß Prachtvoll.

,,Wohnt da der König?" fragte Jungchrist leise.

,,Ja", erwiderte seine Mutter. ,,Und wenn du vor ihm niedergekniet bist und seine Herrlichkeit geschaut hast, wirst du in alle Ewigkeit vollkommen glücklich sein."

,,Ich bin jetzt schon glücklich", sagte Jungchrist, ,,weil ich dich wiederhabe und weil du mich liebhast."

,,Mein Junge, ja, ich liebe dich, aber der König liebt dich noch viel mehr!"

Hoffnungsvoll und Jungchrist waren an den Stufen des Palastes angelangt. Während die Türen sich für sie öffneten, strömten ihnen die Klänge einer wunderbaren Musik entgegen, und vor ihnen stand der Königssohn. Er lächelte ihnen zu, streckte ihnen die Hände entgegen und führte sie in den Palast. Da erfüllte eine große Freude die ganze Stadt, hatten doch zwei junge Pilger ihr Ziel erreicht. Sie waren sicher durch die finsteren Fluten gebracht worden, hinein in die Gegenwart des Königs. Da waren sie nun für immer daheim.

Weitere Bücher aus dem Verlag der Liebenzeller Mission:

Hudson Taylor
DAS AUSGETAUSCHTE LEBEN
TELOS-Wege zum Leben 2503

Zwei Zeugnisse von den geistlichen Erfahrungen H. Taylors sowie zahlreiche Aussprüche: Das ist echtes, nahrhaftes Brot für Christen, die mehr suchen – Stoff zum Nachdenken und Nachleben.

Ernst Modersohn
DIE GEISTLICHE WAFFENRÜSTUNG DER KINDER GOTTES
TELOS-Wege zum Leben 2504

Eine praktische Auslegung von Epheser 6,10 ff., die uns hilft, den „täglichen Kampf" besser zu bewältigen (auch als „Buch auf Band-Cassette" lieferbar).

Wilhelm Steinhilber
EINE, DIE NIE DEN MUT VERLOR
TELOS-Wege zum Leben 2506

Das ereignisreiche Leben der Missionarin Charlotte Hoff: China, 8 Jahre Gefangenschaft in Sibirien, Reisen in viele Länder. Ein fesselndes, glaubenstärkendes Buch.

Fritz Grünzweig
VATERUNSER – BETEN IN DER SCHULE JESU
TELOS-Wege zum Leben 2509

Das Vaterunser ist eine Anweisung zum Gebet von seltener Tiefe. Hier erhalten Sie starke Anstöße für ein erfülltes Gebetsleben.